DOCUMENTS INÉDITS

Pour servir à l'Histoire

DES

Corps et Communautés

D'ARTS ET MÉTIERS

DU

VERMANDOIS

Extrait des Archives du Bailliage de Vermandois (Liasse 93), de la Prévôté de Laon (Liasse 407) et de la Seigneurie de Marchais et Liesse (Liasse 633-634.)

Par M. COMBIER

Membre de la Société académique de Laon.

LAON

IMPRIMERIE H. DE COQUET ET Cie.

1872.

DU MÊME AUTEUR :

1. Nomenclature sommaire des Archives du Greffe de Laon, Extraits et Analyses de documents inédits sur les Etats-Généraux, les Bans et arrières-Bans, les Jugements prévôtaux et toutes les justices du Bailliage de Vermandois. — 1866, Imprimerie Paul Dupont, Paris.
2. Etude sur une Erreur judiciaire en 1778, Lelye et Puré, assassinat. — 1870, Imprimerie de Coquet, Laon.
3. Documents inédits sur le Culte Réformé dans le Vermandois, de 1600 à 1789. — 1872, même imprimerie.

A PARAITRE :

Etude sur le Bailliage Présidial du Vermandois, la Prévôté de Laon, et les Seigneuries qui s'y rattachent, d'après les Archives du Greffe de Laon.

Notice sur la Seigneurie de Liesse et de Marchais.

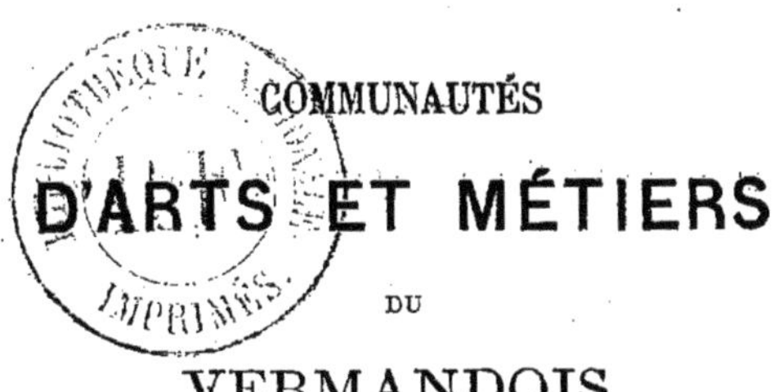

COMMUNAUTÉS D'ARTS ET MÉTIERS DU VERMANDOIS.

I. Observation générale.

On recherche aujourd'hui tous les documents propres à faire connaître les mœurs, les habitudes, la vie des artisans d'autrefois. On s'initie le plus possible aux statuts et aux usages de leurs communautés. Une vaine curiosité ne provoque point ces investigations. Leurs règlements ont conservé ou engendré des abus. Mais s'ils ont eu le sort de toutes les lois humaines, comme pour la plupart des lois humaines l'utilité et l'expérience ont présidé à leur naissance et à leur modification. Longtemps les corporations ont été, pour les artisans, un besoin, et pour l'Etat, un profit. Pourquoi ne puiserait-on pas, dans leurs statuts, d'utiles enseignements tant au point de vue historique qu'au point de vue même pratique? C'est ce que se demandent certains économistes qui pensent qu'on a peut être mal fait d'abolir complétement les corporations. Afin d'aider à résoudre une question aussi importante, il serait nécessaire de bien connaître tous les règlements des anciennes communautés et les conséquences qu'ils ont produites bonnes ou mauvaises. Il est donc du devoir de ceux qui découvrent quelques documents de cette nature de les soumettre à l'appréciation de ceux qui savent les étudier. Cette pensée nous a déterminé à donner un aperçu des communautés d'arts et métiers de Laon, d'après les papiers de la Prévoté et du bailliage de Vermandois, et de publier les statuts que nous avons pu découvrir (1).

II. CORPORATIONS DONT LES PAPIERS SE TROUVENT AUX ARCHIVES DU GREFFE.

Les corporations ont pris naissance sous la féodalité. « Henri III donna, par son édit de décembre 1561, à leur institution, l'étendue et la forme d'une loi générale. » Nous renvoyons pour l'historique et les documents généraux de cette matière à l'histoire des classes laborieuses par M. du Cellier (notamment p. 108 et suivante et chap. 9 ; voir aussi l'ancien Edit. 1776.)

En février 1776, Louis XVI abolit les corporations; six mois après il les rétablit, mais en introduisant des modifications importantes dans les anciens règlements. Un édit d'avril 1777 s'appliquait spécialement aux villes du royaume autres que Paris et Lyon, par conséquent à Laon. Un état des communautés fut dressé par le Conseil. D'autres édits de 1781 et 1782 réglèrent leur police.

La Prévôté contient les archives des communautés suivantes : Bouchers, Boulangers, Bonnetiers, Charpentiers, Cordonniers, Cabaretiers, Cuisiniers, Epiciers, Fondeurs, Maçons, Maréchaux, Menuisiers, Merciers, Selliers, Tonneliers, Tailleurs, Tanneurs et Tapissiers.

Le registre des chartres et le registre du Roi du bailliage, renferment les statuts des Orfèvres de Laon, des Telliers de Laon, et des Imagiers (ou Imagers de Liesse.

(1) Nous croyons devoir dire ici, que ce travail (comme notre travail sur le *Culte réformé*) est extrait d'une *Etude* assez étendue sur le *Bailliage-Présidial du Vermandois*, de la Prévoté, des Seigneuries du Laonnois, etc. faite uniquement d'après les archives du greffe de Laon. C'est avec regret, nous l'avouons, que certains motifs particuliers nous obligent de publier prématurément quelques portions de cette œuvre encore incomplète. Nous espérons cependant y mettre bientôt la dernière main et y montrer le véritable profit que l'on peut tirer de ces vieux documents.

Les archives des Tonneliers datent de 1597; celles des Telliers de 1602 et 1629; des Imagiers de 1631; et des Orfèvres de 1646. Sur les Boulangers on trouve quelques documents de 1656 au registre de la Prévoté; ce sont les seules corporations dont nous ayons retrouvé les anciens statuts.

Les archives de toutes les autres ne remontent qu'à 1777. On doit donc les apprécier à l'aide des édits et règlements de Louis XVI cités plus haut. On verra que ces actes du pouvoir souverain, qui sont dans toutes les mains, ont été exécutés à la lettre, et n'ont remédié à aucun des anciens abus. (Voir plus bas IX.)

Les communautés des Orfèvres de Laon et des Imagiers de Liesse nous occuperont les premières à cause de leur importance et de la curiosité qu'éveille particulièrement tout ce qui se rattache au pélerinage de N.D. de Liesse. Puis viendra celle des Tonneliers à cause de son ancienneté et de son intérêt spécial pour notre pays. Si le Laonnois n'avait pas un grand commerce, il avait, au moins, comme pays vignoble, le trafic du vin, et les tonneliers y formaient une corporation nombreuse.

Enfin arriveront les statuts des Telliers, quelques renseignements sur les Boulangers et, de courtes observations générales sur les autres communautés (1).

Nous donnerons cependant aussi l'ordonnance qui institue à Laon la première imprimerie-librairie, en 1649.

III. ORFÈVRES

§. 1er. LES ORFÈVRES DE LAON.

Statuts et règlements pour les maîtres orphèvres de la ville de Laon suivant les ordonnances du roi.

1. Que tous les maîtres orphèvres de la dite ville

(1) Voir le livre des métiers de Boileau (Depping). Voir les *Français* des Divers-Etats par Monteil.

seront tenus de travailler pour la besogne d'or à vingt-deux carats au remède d'un quart de carat, lesquelles besognes ne pourront être en argent d'émail superflu, et seront marquées du poinçon du maître s'il y a lieu, il sera tenu le faire contremarquer par les maîtres jurez.

2. Et pour la besogne d'argent ils seront aussi tenus de travailler à onze deniers douze grains au remède de deux grains lesquels maîtres seront obligez marquer de leur marque et poinçon et feront marquer du poinçon et marque de la ville qui sera gardée par les deux jurez qui seront élus dans un an, savoir un par chacune année en sorte qu'il y en ait toujours un nouveau et un ancien.

3. Que nul ne pourra tenir qu'un seul apprenti lequel sera tenu s'obliger par devant notaire à servir son maître le temps et espace de huit ans entiers et consécutifs pour faire son apprentissage sans que ledit apprenti ou autre pour lui puisse accélérer ni racheter le temps du dit service et toutefois les fils des maîtres de la ville de Laon ne seront retardez pour leur apprentissage et tous les maîtres qui auront apprentis seront tenus d'apporter leurs lettres et obligations dans un mois après qu'elles auront esté passées tant ès-mains du M[e] jurez pour estre registrées que par devant M. le lieutenant général au bailliage de Vermandois audit Laon, pour en ordonner l'enregistrement au greffe dudit Bailliage. Et s'il advient que l'apprenti s'en aille le M[e] d'icelui sera tenu en advertir les jurez et faire sa plainte audit lieutenant général pour avoir avoir acte du jour de son départ et ne pourra ledit M[e] reprendre aucun apprenti sans l'exprès consentement desdits M[es] jurez et pourra néanmoins ledit M[e] un an auparavant lesdits huit ans expirez prendre et tenir en sa maison un autre apprenti afin que son dernier puisse estre monstré et enseigné par le pre-

mier et pour le soulagement du maistre et non aultrement et seront tenus lesdits apprentis païer chacun pour la cire la somme de douze livres dont le maistre sera tenu faire l'acquit et paiement sauf son remède duquel droit néanmoins les fils des maistres seront exempts.

4. Que tous apprentis qui auront achevé le temps de leur apprentissage se présentant au chef-d'œuvre seront tenus bailler et payer à la chapelle des orphèvres deux grosses livres de cire et *soixante livres tournois* pour le service desquels droits *les fils des maîtres ne payeront* que moitié et sera ladite cire et somme d'argent paiée et mise ès-mains des M^es^ jurez auparavant la réception duquel payement sera par eulx baillé acquit pour estre registré avec l'acte de ladite recette, de l'ordonnance de mondit sieur le lieutenant général au greffe dudit baillage et seront aussi tenus lesdits apprentis lors de leur réception bailler bonne et suffisante caution qui sera certifiée par gens de bien laquelle sera tenue respondre et assurer de la personne dudit apprenti et le cautionnement jusqu'à la valeur de dix marcs d'argent.

5. Toustefois nul ne se pourra présenter en face du chef et ne sera reçu maistre à audit cas s'il ne sait lire et écrire et s'il n'a fait son apprentissage chez quelque M^e^ de ladite ville de Laon.

6. Si après ledit apprentissage fait les apprentis veulent aller demeurer hors de la ville faire le pourront mais à leur retour seront tenus faire actuelle résidence par an et jour en cette ville de Laon auparavant pouvoir estre reçus maistres afin que l'on puisse connaître leur bonne vie, mœurs et conversations.

7. Le nombre des maistres audit art d'orphèvrerie en ladite ville de Laon sera et demeurera réduit à huit, sans que pour quelque considération que ce soit il puisse estre augmenté et seront obligez tenir leurs

boutiques en lieu visible et apparent de la ville et pour faciliter ladite réduction des M^es^ dudit art audit nombre de huit, nul d'entre eulx ne pourra prendre aucun apprenti qu'après le décès d'aucun d'eux et jusqu'à ce que le nombre sera réduit à huit.

8. Les M^es^ jurez qui sont et seront ci-après eslus par lesdits orphèvres seront tenus deux fois la sepmaine et toustefois quand qu'il en sera besoin d'aller visiter les ouvrages qui seront faits par les autres orphèvres et si aucune faulte ou abus il y trouvent seront tenus en faire bon et fidèle rapport et le présenter audit sieur le lieutenant général auquel la cognaissance en appartient et faire punir les délinquants selon les rigueurs et ordonnance du Roy.

9. Si allant faire par lesdits jurez les visites aucun estait refusant d'ouvrir leur boutique et montrer les besoignes ils seront tenus et reputez avoir commis abus et malverser et plus ainsi atteints et convaincus d'avoir fait faulte audit art et partant condamnés en quinze livres d'amende par faulte d'avoir fait ouverture sans deslai à la première semonce.

10. Et afin que l'on puisse connaistre les abus et faultes commises audit art et qui en seront les auteurs, tous les maistres travaillant d'icelui seront tenus de prendre et faire chacun une marque ou poinçon de laquelle marque ils seront tenus marquer leurs ouvrages et pour la cognaistre sera ladite marque mise et imprimée sur le tableau ou la tablette avec les deux grains de remède laquelle tablette demeurera ès-mains de deux M^es^ jurez et une semblable portée et mise au greffe dudit baillage de Vermandois audit Laon avec les noms et surnoms des M^es^ pour y avoir recours quand besoin sera.

11. Ne pourront les maistres dudit lieu pour quelque cause soubz tel prétexte que ce soit recharger, reborder ni aucunement travailler sur la monnaye du Roy

ni aultres sur les peines portées par les ordonnances et règlements.

12. Seront tenus lesdits M^{es} d'aller de temps en temps et le plus souvent que faire se pourra visiter les ouvrages et besoignes que vendent les merciers et joailliers dans les villes et bourgs enclavés dans l'estendue dudit bailliage de Vermandois audit Laon et, à cet effet prendront commission au greffe de l'ordonnance dudit sieur le lieutenant général et des abus, et feront leur rapport et seront les délinquants et contrevenants assignez par devant mon dit sieur le lieutenant général pour y estre pourvus et ne souffriront qu'aucun travaille dudit art dans l'estendue dudit bailliage qu'en obtenant permission dudit sieur lieutenant lesdits maistres ouïs appelez et sur la capacité de ceulx qui se présenteront et pourront lesdits M^{es} jurez en faisant leur visite faire saisir par un sergent en vertu de ladite commission tous les ouvrages auxquels ils auront trouvé faulte.

13. Le dernier M^{e} qui aura esté reçu au chef-d'œuvre sera tenu d'exercer ou faire exercer l'état et devoir de clerc dudit art qui est d'advertir tous les maistres de toutes choses qui surviendront de son temps faire semonce des assemblées qu'il conviendra tenir touchant ledit art d'orphèvrerie et à faulte de se faire lesdits M^{es} jurez y commettront aux despens du dernier maistre de quoi il ne pourra appeler ni former aucun empêchement et sera aussi tenu le dernier maistre de faire la semonce des messes et vêpres les jours et fêtes de Saint-Eloi.

14. Et au surplus tous lesdits maistres dudit art d'orphèvrerie garderont et observeront exactement les ordonnances du Roy et les règlements des cours souveraines sur le fait dudit art soit pour les apprentissages, chef-d'œuvre, réception, poinçons, eslection des gardes

et jurez, achats et ventes de leurs marchandises sur les peines portées par les ordonnances et arrêts.

15. Et afin que tout ce qui a esté ci-dessus fait et rédigé par tous les M^es dudit art en ladite ville de Laon pour status et règlements par deçà puisse estre entretenu et gardé à l'avenir iceux M^es soussignés ont accordé que le présent règlement sera mis par devant mon dit sieur le lieutenant général et communiqué à M. le Procureur du Roy pour estre homologué et autorisé et qu'il sera registré au greffe dudit bailliage pour estre inviolablement gardé et observé suppliant les requérants ledit Procureur du Roy le consentir et M. le lieutenant général le vouloir ainsi ordonner et mesmement lesdits statuts et règlements et ladite homologation tous les anciens précédents faits audit Laon, et ailleurs demeureront nuls sans effet et ainsi signé.

Harlé, Marteau, Vignon, Bazin, Molart, et de La Campagne.

Cejourd'hui 20 janvier 1645 les règlements, statut et ordonnances de l'aultre part escrits, ont esté par moi soussigné commis au greffe du bailliage de Vermandois à Laon registrés au présent registre des Chartres dudit greffe suivant les réquisitions de M. le Procureur du Roy et ordonnances de M. Bonaventure Leclerc lieutetenant général audit bailliage de ce fait le requérant aussi les M^es orphèvres de cette ville de Laon pour lesdites ordonnances estre gardées et observées par eux inviolablement selon leur forme et teneur soubz la peine portée par les ordonnances, statuts lesquels, avec la requête présentée par lesdits orphèvres, aux fins du présent enregistrement au bas de laquelle est l'ordonnance dudit sieur lieutenant général et réquisitoire dudit Procureur du Roy et ont esté rendu aux dits orphèvres.

§. II. *Réception de* Marteau, *orfèvre* (1).

En racontant comment B. Marteau a été reçu orfèvre, nous donnerons un exemple des formalités à remplir pour les réceptions dans presque toutes les communautés ;

B. Marteau présenta requête au lieutenant général du bailliage, le lieutenant général ordonna l'enquête et la confection du chef-d'œuvre à indiquer par les maîtres, qui devaient faire leur rapport. Les maîtres lui donnèrent une alliance à fabriquer. Il fut trouvé suffisant et capable. L'enquête prouva d'ailleurs qu'il avait travaillé trois ans chez un orfèvre de Verdun, 18 mois chez son frère à Laon ; et un an chez son neveu à Laon ; qu'il avait toujours accompli ses devoirs religieux et qu'il était très affectionné au service du Roi ;

Les maîtres orfèvres présentèrent le chef-d'œuvre au lieutenant général en lui affirmant qu'il était façonné avec une capacité suffisante. Le président, sur les réquisitions du Procureur du Roi, donna acte du consentement du Procureur du Roi à la réception ;

On fit prêter à B. Marteau le serment de garder et observer tout et chacun les articles des règlements concernant l'orfèvrerie de la cour des monnaies, coutumes et ordonnances, spécialement les statuts des orfèvres de Laon, et de porter honneur et respect aux anciens maîtres orfèvres de Laon ;

Puis il fut reçu maître à la charge de fournir une caution de dix marcs d'argent et de mettre et empreindre son poinçon sur la tablette de cuivre déposée au greffe de la commission où sont les noms, et poinçons des autres orfèvres.

§. 3. Renseignements divers.

Si nous consultons les procès-verbaux de l'élection nous trouvons les renseignements que voici :

(1) Voir l'enquête de 1725.

Guillaume Lenoir, étant devenu, le trois juillet 1739, sous-fermier des droits de marque et contrôle des ouvrages d'or, d'argent et de vermeil qui se vendaient à Laon, éprouva, pour entrer en possession, quelque résistance de la part de Tournant, marchand orphèvre, son prédécesseur comme sous-fermier. Tournant ne voulut pas remettre ses anciens poinçons. Lenoir, après le dépôt des poinçons nouveaux, fait le 20 juillet, requit une visite chez tous les orphèvres afin d'en frapper sans frais tous leurs ouvrages, anciens ou récents. Nous avons retrouvé ces poinçons de 1739. Ils sont au nombre de neuf sur une seule plaque. En voici la description. La plaque porte ces mots *Juillet* 1739 — *Régie Abonnement.* La note à laquelle elle est attachée est ainsi conçue. « Laon, juillet 1737. *Marque d'or et* « *d'argent* : Lion rampant couronné avec un point sous « la queue : Poinçon et charge des ouvrages tant de « ceux qui sont régis qu'abonnés. — Régie : Une *main*, « poinçon de charge pour les gros ouvrages. — Un *le-* « *vrier*, poinçon pour les vieux ouvrages et décharge. « — Une *rose*, poinçon et décharge des petits ouvra- « ges. — Un *bâton royal* : poinçon pour servir de « cachet pour les ouvrages qui ne pourront souffrir la « marque. — *Abonnements* : *fleurs de lys couronnée*, « poinçon et de décharge des gros ouvrages. — *Cœur* « *entouré de* 3 *fleurs de lys, poinçon et décharge des vieux* « *ouvrages.* — *Une tour*, poinçon et décharge des petits « ouvrages. — *Un lys*, poinçon pour servir de cachet « pour les ouvrages qui ne pourront souffrir une mar- « que. »

En cette même année 1739 Lesèble et Doffemont marchands orfèvres à La Fère étaient nommés sous-fermiers de la marque à Chauny et à La Fère. Béguin, marchand orfèvre à Liesse, est nommé sous-fermier à Liesse.

En 1750 trois orfèvres de Soissons, devenus sous-fermiers des droits dans la généralité de Soissons déposèrent au greffe de l'élection de Laon, une plaque de cuivre rouge sur laquelle se trouvait l'empreinte de leur marque; et l'empreinte d'un cachet sur cire d'Espagne ardente. La plaque n'existe plus, mais le cachet de cire est à peu près intact : on y voit un animal qui ressemble à un rat et qui est surmonté d'une fleur de lys.

En 1768 M. Charles-Marie Lemor, directeur des aides et des droits de marque, dépose l'empreinte en cire rouge d'un petit cachet dont il devait se servir pour décharger les petits ouvrages or et argent de Liesse. Cette empreinte à 3 fleurs de lys est parfaitement intacte sur le procès-verbal.

Plusieurs procès-verbaux désignent les différentes marques déposées à diverses époques; plusieurs autres constatent, en 1771 et 1772, les difficultés que l'on a eues avec divers orphèvres de Liesse.

Lors d'une visite chez un orphèvre de Laon en 1769 on trouva un grand nombre d'ouvrages d'or et argent non marqués du poinçon de M. Alaterre, alors fermier. L'orphèvre injuria les agents visiteurs. On dressa contre lui un procès-verbal qui renferme certains détails curieux. Ainsi l'abbaye de St-Martin possédait et avait confié à cet orphèvre 2 bâtons de chantre pesant 23 marcs 5 onces, une aiguière et le chapiteau d'une lampe pesant 6 marcs 3 onces 2 grains, une croix toute montée pesant 6 marcs 2 onces ; le tout en argent.

IV. Les imagiers de Liesse (1).

Voici le résumé de ce que nous avons trouvé sur les registres de Marchais et Liesse et du Bailliage, concernant les imagers ou imagiers de Liesse, sauf à com-

(1) Voir Bulletin de la société académique de Laon. Notice de MM. Duployé sur les imagers de Liesse.

pléter (1) dans notre notice sur la seigneurie de Liesse.

De temps immémorial, il avait existé à Liesse des personnes fabriquant et vendant des imageset médailles d'argent à bas titre, et se considérant comme dégagées des obligations imposées aux orphèvres. Du reste, il n'y avait pas de marchand orphèvre à Liesse, et pas de juge chargé de surveiller les fabrications des imagers. Des abus considérables se commettaient et avaient donné lieu à plusieurs plaintes. Cette situation est suffisamment établie par une enquête de 1631. (Bailliage liasse 141). Voici la teneur de la plainte qui a donné lieu à une première prescription règlementaire de la part de l'autorité judiciaire :

Remontrent en suppliant les imagers d'or et d'argent du Baillage de Liesse disant que pour n'y avoir eu jusque à présent aucun ordre estably pour le taux ou titre de l'or et de l'argent qui s'emploie par les imagiers à la confection des images qui se vendent et débitent journellement aux pélérins qui affluent audit lieu, aucun se sont licenciés d'affablir les métaux dont ils travaillent et qui cause un grand désordre et intéresse le public comme aussi cela aporte préjudice et dommage à ceux qui désirent travailler plus fidèlement à leurs ouvrages estant en train de les débiter à perte pour ce que les autres qui empirent leurs métaux les donnent à meilleur prix. Ces choses considérées, Monsieur, il vous plaise donner taulx et titre aux métaux d'or et d'argent dont les imagers de Liesse seront tenus de travailler et façonner leurs images sans qu'il soit loésible auxdits imagers de les empirer, diminuer ou affablir soubz peine d'être procédé contre les contrevenants par mulctes et amendes selon qu'il appartiendra par raison. Et pour connaître les contraventions qu'il

(1) Registres de Marchais-Liesse 633-634. On y voit beaucoup de signatures parlantes d'orfèvres et autres.
Reg. du Bailliage liasse 93.

sera pris, esleu et choisy, du nombre desdits imagers et par eux, deux jurés, esgards et visiteurs qui auront pouvoir et faculté de visiter les fourneaux, boutiques et boîtes desdits imagers, saisir les ouvrages qui seront trouvés façonnés de métaux empirés et diminués au-dessous du taux et titre qu'il aura plu leur prescrire, et ordonner, pour en faire les rapports par devant vous mon dit sieur le cas y eschud et y pourveoir ainsi que de raison, lesquels jurés et esgards visiteurs demeureront seulement six mois en charge après lesquels expirés, il en sera esleu d'autres pour faire ledit exercice, durant lesquels six mois les ouvrages desdits esgards et jurés visiteurs pourront estre visités par ceux qui seront nouvellement sortis de charge et pour les six premiers mois par deux anciens dudit métier afin que le bon ordre puisse estre estably et conservé entre lesdits imagers, requerant sur ce la jonction de M. le Procureur du Roy et vous ferez bien et justice.

Signé : Médar Bugniatre ; F. Pelletier ; Allart ; etc.

Le 19 décembre 1631, Allart procureur des imagers présente cette supplique au lieutenant général du Bailliage qui nomme deux marchands orphèvres de Laon les sieurs Nicolas Regnier et Adam Vignart comme experts chargés de lui faire un rapport au sujet du titre que devraient avoir les ouvrages d'or et d'argent des imagers. Les deux experts conclurent que les imagers devaient, pour leurs images et autres besognes se conformer à l'ordonnance du Roy qui est pour l'or à 22 carrats et, pour l'argent à onze deniers 12 grains, et que l'apprentissage de chaque imager devait estre de 4 ans.

Le lieutenant général rend une sentence par laquelle il admet les conclusions des experts, dit que la visite des ouvrages se fera à la demande des suppliants ; et ordonne qu'ils devront solliciter de Sa Majesté le droit de se constituer en corps et métier et qu'ils auront six mois pour vendre les ouvrages non conformes au titre qui vient d'estre fixé.

Cette ordonnance fut vaine. Elle ne suffit pas à refréner la licence commerciale ni au point de vue du débit, ni au point de vue de la fabrication. On dut sévir et règlementer à nouveau d'abord au sujet de la manière de vendre, ensuite au sujet de la défectuosité des ouvrages.

Le 4 août 1644, devant Jean Pioche, bailli et garde de la justice de Marchais et Liesse, le Procureur fiscal prit des réquisitions contre les imagiers et chappelotiers, leurs enfants, domestiques et servantes afin qu'on leur fit défense d'aller aux chambres des pélerins, et de s'arrêter devant les portes desdites chambres, le soir de leur arrivée et le lendemain matin avant que lesdits pélerins eussent fait et achevé leur dévotion. « Il y avait eu, disait-il, entre eux, une espèce de conspiration pour continuer de faire ainsi contrairement aux ordonnances ; ils se seraient même vantés, nonobstant les défenses, qu'ils continueraient malgré que le scandale, qui en était arrivé auparavant eût donné lieu auxdites ordonnances. Pourquoi il concluait à 16 livres parisis d'amende et par corps et défaut. »

Au moment où il requérait défaut l'un d'eux le sieur Michel comparut, et après lui plusieurs autres imagiers. Ils dirent qu'ils étaient appelant des défenses à eux faites par les ordonnances ; qu'ils en appelaient d'abondant ; qu'elles étaient contre la liberté qu'ils ont eue de tout temps en leur débit et trafic et qu'elles ont été données contre l'avis de ceux qu'ils avaient députés vers Monseigneur, pour adviser à ce qu'il serait convenable d'ajouter aux anciens règlements de la police. Ils finirent en disant qu'ils déclinaient la compétence du Bailli et le prenaient à partie ainsi que le Procureur fiscal. Le juge donna acte des protestations et des réquisitions et sursit à statuer pendant 2 mois. — Tous les imagiers ont signé la sentence.

Le 15 mars 1645, la cour des monnaies donna commission à la justice de Marchais et de Liesse de saisir à Liesse les ouvrages d'art défectueux et d'informer des abus et contraventions aux ordonnances. Le sieur Laurent lieutenant général de cette justice opéra les saisies prescrites et suivit criminellement contre les délinquants. Le 28 avril les imagiers présentèrent requête pour obtenir mainlevée des saisies et règlement pour l'avenir. Le 29 la cour rendit un arrêt ainsi conçu : — La Cour faisant droit sur les conclusions dudit Procureur-Général, a fait et fait expresses inhibitions et défenses à ladite Communauté des Imagers du bourg de Liesse, et à tous autres de faire faire, vendre et débiter audit bourg de Liesse ni ailleurs, aucunes médailles, images et autres mêmes ouvrages, soit de garnitures de chapelet ou autrement d'or ou d'argent que l'or ne soit se trouver au titre de vingt-deux carats à un quart de carat de remède et l'argent à onze deniers douze grains, à deux grains de remède dudit argent sur peine à ceux qui y contreviendront de confiscation, des ouvrages et de cinquante louis d'amende pour la première fois, seconde de privation de la permission à eux accordée par le présent arrêt et de punition arbitraire selon l'exigence des cas et pour pouvoir plus facilement connaitre et distinguer par lequel des dits imagers, lesdits ouvrages auraient été faits, ordonné et ordonne qu'il sera choisi pour chacun d'eux une petite marque et poinçon particulier qu'ils seront tenus d'apposer à chacun desdits ouvrages par eux faits après l'avoir au préalable fait insculpter sur une table de cuivre qui sera mise à cet effet entre les mains dudit Laurent pour être icelle par lui envoyé au Greffe de ladite Cour toutefois et quant qu'il sera par elle or-

2

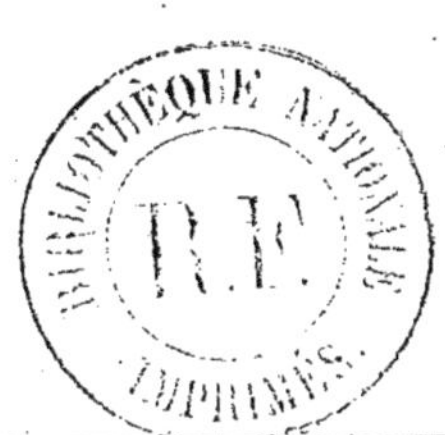

donné et à la charge que le nombre desdits imagers qui est à présent audit Liesse *sera réduit à douze* vacations advenant dudit nombre desdits ouvriers travaillant à présent auxdits ouvrages et à cette fin être fait un rôle de leurs noms ou surnoms qui sera mis et registré au Greffe dudit Laurent ès-mains duquel ils prêteront serment d'observer le présent réglement et les ordonnances et éliront pardevant lui deux d'entre eux pour faire leur visite de ces ouvrages et rapport audit juge de mois en mois sur les particuliers de ladite communauté et tous autres pour empêcher les abus et contraventions qui se pourraient commettre, qui à la requête dudit Procureur-Général ou de son substitut sur les lieux pourra aussi faire ses visites desdits ouvrages à jour et heure non prévenus, saisir, informer sommairement des abus et malversations et instruire les procès jusqu'à sentence définitive exclusivement pour le fait et le tout envoyé au Greffe de ladite Cour, être ordonné ce que de raison, enjoignant audit substitut de tenir la main à l'exécution du présent arrêt dont il certifiera la Cour de ses diligences de temps en temps et faisant droit sur la main-levée requise des saisies faites par ledit Lieutenant-Général en exécution dudit arrêt du quinze mars dernier; ladite Cour a ordonné et ordonne que les médailles et images et autres ouvrages d'or et d'argent saisis seront fondus en présence dudit Laurent, qu'elle a commis à cette fin, pour en être le produit rendu aux parties saisies auxquelles ladite Cour a fait défense sur les peines de l'ordonnance d'employer icelle matières qu'elles ne soient mises au titre porté par l'ordonnance fait en la cour des Monnaies le 29e avril mil six cent quarante-cinq, signé : DELAITRE et collationnée.

Le 13 août 1660 un autre arrêt de la Cour des Monnaies confirma cet arrêt du 29 avril, décida que ledit arrêt du 29 avril tiendrait lieu de règlement aux imagers de Liesse, et y ajouta diverses autres prescriptions sur le dépôt de la planche de cuivre portant l'inscription des poinçons des maîtres ; le rapport de leurs poinçons par leurs veuves ; les conditions d'achat d'or et d'argent ; les règles d'admission des apprentis.

Depuis cette époque la communauté prit le nom de Communauté des maîtres orfèvres et imagiers du bourg de Liesse. Cependant, malgré le privilège de cette communauté, plusieurs personnes se permirent de vendre des médailles et des images, En 1677, la communauté obtint contre elles un arrêt leur faisant défense d'exposer, vendre, ni débiter ces sortes d'objets sous peine de confiscation et de 500 livres d'amende.

Voici ces deux arrêts de 1660 et 1677 :

EXTRAIT des Registres de la Cour des Monnaies.

Vu par la Cour la requête à elle présentée par les maîtres imagers du bourg de N-D-de-Liesse, contenant que par arrêt contradictoire du 24 juillet dernier, intervenu sur les conclusions du Procureur-Général du Roi, il a été entr'autres choses ordonné que les statuts et règlements accordés aux suppliants et registrés au greffe du baillage de Vermandois à Laon, le seizième *janvier mil six cent cinquante-huit seront apportés et mis au greffe de la Cour* pour y être registrés, à quoi les suppliants ont satisfait pourquoi ils requéraient qu'il plût à la Cour ordonner conformément audit arrêt du vingt-quatre juillet dernier que lesdits statuts et règlements seront homologués et registrés au greffe de ladite Cour pour être exécutés et jouir pour les suppliants du contenu en iceux avec défense d'y contrevenir sous les peines y contenues ; — Vu aussi un arrêt de la Cour du neuf avril 1645, rendu sur la requête des suppliants contenant plusieurs articles de règlement pour leur métier, une commission à M^e

Charles Laurent, lieutenant-général en la justice de Marchais et Liesse pour connaître de l'exécution dudit arrêt et des malversations qui seraient commises en l'exercice dudit métier à la charge de l'appel en la Cour; un mémoire intitulé ordonnances et règlements des maîtres imagers du bourg de Liesse au bas duquel est l'acte d'enregistrement au greffe du baillage de Vermandois *à Laon, dudit jour seizième janvier* 1658 (1), *ledit arrêt du 24 juillet dernier portant* que lesdits statuts et règlements seront apportés au greffe de la Cour; conclusions du Procureur-Général du Roi; ouï le rapport du conseiller à ce commis et tout considéré, la Cour, sans avoir égard à ce qui a été fait par-devant ledit lieutenant-général de Laon, a ordonné et ordonne que l'arrêt du neuf avril 1645 sera exécuté et tiendra lieu aux suppliants des statuts et réglements et y adjoutant ordonne que lesdits imagers feront élection le troisième février de chacune année de deux jurés, lesquels prêteront le serment, leur sera mis ès-mains toutes les pièces concernant ladite communauté dont ils se chargeront envers ceux qui sortiront de Jurande; seront tenus lesdits jurés de veiller à l'exécution dudit arrêt du quinze avril 1645 et du présent, que la planche de cuivre sur laquelle seront insculptés les poinçons desdits maîtres sera mise au greffe du juge qui sera commis pour l'exécution du présent arrêt; que le décès arrivé d'aucuns maîtres imagers, leurs veuves seront tenues de rapporter leurs poinçons pour être difformés et lesdits imagers s'ils achètent quelques pièces d'or ou d'argent seront tenus de les cisailler et de les porter ou envoyer en la plus prochaine monnaie des lieux, leur a fait faire défense de s'en servir en leurs ouvrages sous les peines de l'ordonnance; seront tenus en outre lesdits maîtres, de retenir toutes les besognes

(1) Le registre de 1658 a disparu.

qui leur seront recommandées, même les personnes qui leur viendront vendre ne pourront acheter aucunes besognes d'or ou d'argent à un étranger ou vagabond sans avoir caution que ce qui leur sera présenté, appartiendra à celui qui viendra vendre; ne pourront pareillement prendre aucuns apprentis qui ne soient fils de maîtres, à l'exception de Jean Jacquier dénommé audit arrêt du 24 juillet dernier, lequel il sera pris sans tirer à conséquence et seront tenus de faire registrer leur brevet d'apprentissage au greffe dudit juge qui sera commis et sur le livre des jurés pour être lesdits apprentis reçus, lorsqu'il y aura place vacante du nombre des maîtres fixé et réglé par ledit arrêt que lesdits jurés feront leurs visites de mois en mois et heures et jours non prévenus ; lesquels seront visités par ceux qui sortiront de charge saisiront les besognes et ouvrages défectueux et en feront leur rapport par-devant le dit juge qui sera commis. Pourront les veuves des maîtres tenir les apprentis desquels les apprentissages auront commencé du vivant de leur mari jusqu'à fin du temps dudit apprentissage, mais n'en pourront prendre aucuns après la mort de leurdit mari. Seront tenus les dits maîtres et veuves d'iceux en cas que leurs apprentis s'absentent d'en donner avis aux jurés qui obligeront les apprentis de retourner et ne sera temps de leur absence compté sur celui porté par leur brevet et pour l'exécution dudit arrêt du 9 avril 1645, ensemble du présent, ladite Cour a commis et commet le premier des présidents ou conseillers d'icelle trouvé sur les lieux, ou en leur absence ledit lieutenant-général de Laon qui en connaîtra en qualité de commissaire de la Cour à la charge de l'appel en icelle et sera tenu ledit lieutenant-général conseiller de prendre ladite qualité dans tous les actes qu'il fera concernant ladite commission.

Fait en la cour des Monnaies, le 13 août 1660. Signée : JOHIN. — Collationnée.

EXTRAIT des Registres de la Cour des Monnaies.

Vu par la Cour la requête à elle présentée par la communauté des Maîtres orfèvres, Imagiers du bourg de Liesse contenant qu'encore qu'il n'y ait que les dits orfèvres et leurs veuves qui soient en droit de vendre et débiter dans le dit lieu de Liesse, les images, médailles et autres ouvrages d'orfèvre ; toutefois divers particuliers s'ingèrent de leur autorité prise depuis plusieurs années de vendre et débiter les dites médailles, images et autres ouvrages d'orfévrerie ce qui fait un préjudice notable à ladite communauté et au public par le moyen des abus que lesdits particuliers commettent journellement dans le commerce, ce qui oblige la dite communauté d'avoir recours à l'autorité de la Cour pour lui être sur les demandes des réquérants qu'il lui plaise faire défense auxdits particuliers et à toutes autres personnes qui ne sont du corps desdits orfèvres d'exposer, vendre ni débiter dans ledit bourg de Liesse aucunes médailles, images ou autres ouvrages d'orfévrerie en peine de confiscation de cinq cents livres d'amende et de tous dépens, dommages et intérêts ; conclusions du Procureur Général du Roi ; ouï le rapport du conseiller à ce commis, tout considéré, la Cour ayant égard à ladite requête, fait défense à toutes personnes qui ne sont pas du corps desdits orfèvres et imagiers d'exposer, vendre ni débiter dans ledit bourg de Liesse, aucunes images, médailles ou autres ouvrages d'orfévrerie en peine de confiscation de cinq cents livres d'amende et de tous dépens, dommages et intérêts, exécuter les ordonnances, arrêt et réglement sur le fait de l'orfévrerie sous les peines y contenues ;

Fait à la Cour des Monnaies le 19 jour de mars 1677. Signé : Gérardin avec paraphe.

Registré de l'ordonnance de nous Etienne Leclère, seigneur de Montafief, conseiller du Roi, président et lieutenant général au baillage et siège présidial de Laon ce premier décembre 1714, mis aux liasses des orfèvres, Imagiers du bourg de Liesse.

Sans doute toutes ces mesures produisirent de bons effets. Néanmoins, maintes fois, il fallut renouveler les ordonnances de police qui tendaient à régler le mode de vente des objets de pélerinage. C'est ce que l'on fit le 15 juillet 1710, le 2 septembre 1754, le 30 décembre 1764, le 14 mai 1770 et enfin le 17 avril 1785 (voir tous ces règlements à leur date sur les registres de Marchais Liasse 633-634.)

« Nous enjoignons, dit le règlement de 1710, à tous habitans de Marchais et Liesse de sanctifier les jours de fête et dimanche. Déffense est faite à tous marchands de Liesse, sous quelque prétexte que ce soit, diestablir, en ces jours, aucunes marchandises, à l'exception de celles qui concernent le pélérinage, tels que sont les médailles, chapelets et autres. Enjoint aux dits marchands de tenir leurs boutiques closes lesdits jours, etc.

Défense est faite non seulement aux cabaretiers de sortir le pas de leur porte pour solliciter les pélerins, de toucher à leurs personnes ou à leurs chevaux et d'aller les attendre ou faire attendre sur les chemins, de les loger plus de 24 heures sans autorisation expresse, de leur surfaire la valeur du vin, mais aussi à tous marchands, vendeurs de médailles, cha pelets et autres concernant le pélérinage d'inquiéter les pélerin en les tirant par force ou autrement pour les obliger d'acheter leur marchandise, leur permettant seulement de les inviter avec un ton modéré d'acheter les marchandises, ce qui sera à l'instant observé par ceux qui étaient devant le portail de la Sainte-Chapelle.

« Les marchands devaient se présenter chaque année au greffe du bailly pour tirer au sort le droit d'établir devant la chapelle sur des tables de 8 pieds de largeur et de 2 pieds 1/2 de longueur. Le procureur fiscal fesait arranger ces tables en sa présence de manière à ce que l'entrée de la chapelle fut libre.

« Il était défendu aux marchands de médailles et de cierges de se mettre sous le portail. Ils devaient se placer derrière 2 barres de fer mises à cet effet à l'entrée de la chapelle. Ils pouvaient vendre dans les cabarets jusqu'à 9 h. du soir, mais en s'y conduisant modestement ; ils ne pouvaient aller aux chambres des pélerins sans y être appelés.

« Aucun marchand forain ne pouvait débiter de médailles, chapelets, etc., à peine de confiscation.

En 1754, Cappe Marc Antoine Théodore, bailli de la Baronie de Marchais et Liesse, reproduit un règlement à peu près semblable.

Dix ans après, le même bailli promulgue un nouveau règlement, en 46 articles destiné « à rassembler toutes « les anciennes ordonnances du siège sur le fait de la « police et à ajouter tout ce qui n'avait été prévu. » On y répète, en effet, les mêmes prescriptions concernant les marchands de médailles.

Mais les abus sont difficiles à déraciner et le 14 mai 1770, le procureur fiscal se plaignait des marchands qui appelaient les pélerins pour venir acheter leurs marchandises, les arrêtant, et tirant par force pour les faire entrer dans leurs boutiques, allant les chercher jusqu'au portail de l'église. « Par commisération et tolérance, dit-il, on a bien voulu les souffrir d'appeler les pélerins à voix modérée dessus leur porte et sans s'écarter des deux pas, mais de jour en jour, ils anticipent, en allant sur les portes des uns et des autres ; même les marchands tenant boutique ouverte vont chercher les pélerins jusque sur les étalages des petits marchands qui sont exposés aussi par tolérance autour du portail de l'église, et, au moyen de ces injustes entreprises, il nait des querelles qui souvent scandalisent non seulement les pélerins mais le prêtre à l'autel.» Le lieutenant du bailli s'empresse de rappeler à l'exécution des anciens règlemens.

En 1770, les contraventions s'étaient multipliées. Les marchands avaient des fenêtres qui avançaient considérablement sur la rue. Ils vendaient sous le portail de l'église, au-dessous de l'orgue. Ils s'y injuriaient et y travaillaient à leurs affaires domestiques. Les petites marchandes qui vendaient sur les bancs de pierre sous l'avant-portail, y plaçaient des chaises qui gênaient le passage et formaient un troisième rang dans le milieu au droit du pilier. Leurs querelles fréquentes interrompaient les cérémonies du culte. Le bailli leur enjoignit de s'asseoir sur les bancs de pierre, leur interdit les chaises, et ordonna que la place devant le portail, serait, comme toujours, réservée aux pauvres, qui ne pouvaient avoir boutiques ouvertes, et que quant aux marchands ayant boutiques, ils ne pourraient envoyer vendre que sous la halle.

Telle a été la lutte incessante soutenue par l'autorité contre les imagiers, au point de vue, non plus de la fabrication, mais de l'écoulement de leurs marchandises. Cette ardeur au lucre prouvait l'ardeur et le zèle des pélerins.

A d'autres points de vue, que celui qui nous occupe, ces règlemens des baillis de Liesse méritent d'être étudiés. Ainsi, par exemple, on y menace encore le blasphémateur d'avoir la langue percée d'un fer chaud ; on y met une entrave à la liberté de disposer du propriétaire, en lui défendant de louer sa maison à un étranger sans la permission du bailli ; et dans un but hygiénique, on va jusqu'à enjoindre aux habitans de ne pas élever de lapins.

Nous nous proposons, du reste, de faire une notice spéciale de la seigneurie de Liesse et Marchais. Il y a beaucoup à dire sur les mœurs des imagiers et chapelotiers de Liesse, et, en général, des habitans de ce lieu de pélerinage célèbre. Tout y est, pour ainsi parler, spécial et d'une nature particulière. On pourrait citer à l'appui de cette pensée un règlement de 1716 sur les processions qui, malheureusement, est incomplet.

V. — TONNELIERS.

§ 1er ANALYSE DES STATUTS (1).

En 1597, suivant les anciennes coutumes, les maîtres tonneliers de Laon s'assemblèrent et prirent une délibération sur la police de leur état. Le prévôt, Charles Martin, après avoir examiné cette délibération, décrète, le 9 janvier, les statuts de cette corporation, en présence de Jacques de Lancy, procureur du Roi de la prévôté.

L'économie de ces statuts concerne l'assemblage et la qualité des bois, leur longueur, le nombre et la vente des cerceaux, la confection, la réparation et surtout la jauge des futailles pour les résidants et les forains, l'enfoncement (2) des ouvrages avant la Saint-Jean-Baptiste, sur le congé et après la visite des maîtres. La jauge de la 1/2 queue était de 34 septiers. Il fallait être apprenti trois ans avant d'être reçu à chef-d'œuvre (3). Les tonneliers ne pouvaient tenir boutique, ni ouvrir, tirer, ni avaler vin sans avoir bien façonné un ouvrage et payé dix sous parisis au prévôt, et dix sous parisis à chaque maître avec une livre de cire à la chandelle (4). Par chaque apprenti, le maître

(1) Les statuts sont imprimés plus bas en entier.

(2) L'enfoncement consistait à mettre des fonds aux tonneaux.

(3) Le chef-d'œuvre du tonnelier était une futaille.

(4) La chandelle de la confrérie. Melleville, tome 1er, page 252.

payait vingt sous parisis pour la hachette. Chaque maître devait marquer son ouvrage. Les bourgeois ne pouvaient faire faire aux tonneliers que le nombre de queues (1) qu'il leur fallait. Les ouvriers du dehors devaient payer six sols parisis à la chandelle pour travailler à Laon, et dans la banlieue, et ils devaient travailler comme les maîtres du pays. Quand un maître mourait chacun de ses confrères était tenu d'assister à son enterrement, une torche d'osier à la main. On lui donnait pour cela trente sous parisis, s'il y manquait il en payait six. Les maîtres payaient la même amende, appliquée au service divin, s'ils omettaient de se trouver aux vêpres la veille de l'apparition de St-Michel (2) et à la messe du jour de l'apparition. Durant les fêtes de Pâques, trois maîtres élus par les tonneliers prêtent serment devant le prévôt, de bien et loyalement visiter les ouvrages des tonneliers et de faire au prévôt un loyal rapport des contraventions aux règlements; ces visites se faisaient chaque semaine ou chaque mois. La moitié des amendes prononcées sur leur rapport, leur était attribuée. Il était défendu, sous peine d'amende arbitraire, à ces maîtres-jurés, de composer avec les délinquants. Le plus ancien des maîtres visitait l'ouvrage des trois jurés.

Le compagnon admis au chef d'œuvre et au serment devait donner à dîner aux maîtres jurés, selon leur état et qualité. « Le principal point, disait-on, est de bien arroser le chef d'œuvre, c'est-à-dire de faire bien boire les jurés. » (*Dictionnaire de Trévoux.*) Des amendes de douze deniers pour le Roi; douze deniers pour la chandelle; 5, 12 et 20 sous parisis; l'amende arbitraire et la confiscation sanctionnaient ces différentes prescriptions des statuts.

---

(1) Tonneaux.
(2) St-Michel, patron des tonneliers.

§ 2. — HISTORIQUE DE LA CORPORATION DES TONNELIERS 1624-1720.

De 1624 à 1720 plusieurs règlements dûrent intervenir pour empêcher et punir les abus.

L'article 104 du règlement de police de 1624 s'occupe des tonneliers en ces termes :

« Défenses aux tonneliers de façonner futailles qui « et 34 stiers chacune et quatre au tonneau et par ce « 12 livres parisis d'amende appliquat le tiers au dé- « nonciateur et les deux autres au Roi. »

En 1630, on s'était aperçu que le commerce de vin s'était ralenti à Laon faute de jauge. Une ordonnance du lieutenant de police décida que la jauge devait être augmentée de deux septiers, faisant *huit pots mesure de Laon*. Le demi-queue devait donc tenir trente-six septiers. Les marques de chaque maître devaient être en fer et leur empreinte déposée au greffe de la prévôté (1).

(1) Voici la copie d'un extrait de ce règlement qui était signifié à chaque tonnelier :

EXTRAIT DU RÈGLEMENT DE LA POLICE GÉNÉRALE DU BAILLIAGE DE VERMANDOIS A LAON, TENUE LE VINGTIÈME NOVEMBRE 1630.

Sur la remonstrance faicte par le prevost de la cité dudit Laon, qu'ayant esté recherché les causes pour lesquelles cessoit le trafic du vin de ladite ville, et n'estoit icelle fréquentée de marchands qu'elle avoit accoustumée, sinon en la plus grande nécessité des vins, on estimoit cela provenir du défault de la jaulge à quoy estoit besoing de pourvoir.

Et sur ce ouy le Procureur du Roy qui auroit remonstré le défault de la jaulge estre très important non seulement en ladite ville, mais en tout le baillage dedans lequel n'y a aucune police observée pour cela, ny regle certaine pour ladite jaulge, la plus part des vaisseaux estans faits par des ouvriers du dehors qui n'ont fait aucun chefdœuvre et sur lesquels les maistres negligent de faire leurs visites et d'y avoir esgard ; quoy que parfois à la requeste ils y soient envoyés : requeroit ledit Procureur du Roi que les Jurés des tonneliers de la ville et principaulx maistres d'icelle fussent appellez pour eux ouyz ordonner ce qu'il appartiendra par raison : suivant quoy lesdits tonneliers mandez comparans par Moyse Marchant, Charles Bocquillon, Guillaume

En 1635, la communauté s'opposa à la réception de Philippe Mathieu. « Le prévôt ordonna que Mathieu serait admis au métier de tonnelier en faisant préalablement le gros expérience dudit métier et sans frais conformément au règlement du Châtelet de Paris. »

Mathieu fit une futaille. Les maîtres jurés la visi-

Meurice, Pierre Soret et Jean Bosseux, après avoir ouy la proposition qui leur en auroit été faicte, ont demeuré d'accord estre utile et nécessaire pour faciliter le trafic des vins par tout le pays, que la jaulge soit augmentée de deux septiers faisans huict potz mesure de Laon: au moyen dequoy pourra la piece tenir trente-six septiers.

Les advis pris de l'assemblée a esté ordonné que les vaisseaux communement appellez demy-queuës seront doresnavant fait de la jaulge de trente-six septiers, le septier contenant quatre potz mesure de Laon, avec deffences aux tonneliers (du jour de la publication de la presente ordonnance) de faire lesdits vaisseaux d'autre jaulge que de la susdite, à peine de confiscation d'iceux et de trente livres d'amende, et pour empescher qu'il n'y soit faicte contravention par lesdits tonneliers, seront iceux tenus avoir chacun leur marque imprimée en fer, de laquelle ils marqueront chacque demy-queue sur le chanfrin, à peine de pareille confiscation et d'amende, et sera autant desdites marques de chacun particulier mis au greffe de la Prevosté de la ville. Et lequel reglement avons ordonné et ordonnons estre gardé en toutes les villes, bourgs et villages de ce bailliage, par les tonneliers y residens qui seront tenus d'avoir pareilles marques, et de poser autant d'icelles aux greffes des jurisdictions des lieux et de marquer leurs vaisseaux de mesme, en peine de confiscation et d'amende.

Et parce qu'il y a plusieurs vaisseaux de la vielle jaulge, delay est donné de deux ans ausdits tonneliers pour les débiter, et lesdits deux ans passés, deffense de contrevenir à la presente police, en peine de suspention de leurs mestiers et d'amende arbitraire, et sera la presente ordonnance envoyée et signifiée à la diligence des gouverneurs de la ville, aux maistres jurez tonneliers ou anciens desdites villes, bourgs et villages de ce ressort afin qu'ils n'en prétendent cause d'ignorance et fassent observer.

L'an mil six cens trente-six, le   jour de   a esté par moy Sergent Royal soubsigné, la presente ordonnance deuëment signifiée à   Tonnelier demeurant à   en parlant à   à ce qu'il n'en puisse pretendre cause d'ignorance, et qu'il ait à y satisfaire sur les peines y contenuës, faict ès présences de

tèrent et la déclarèrent bien et dûment faite. Les jurés demandèrent que, dorénavant personne ne fut admis sans avoir satisfait, pour ce, aux règlements de la ville de Paris, et, en effet, le prévôt décida « qu'il ne serait « plus admis aucune personne qu'elle n'ait faite quel- « que légère expérionce. »

En tête de sa décision se trouvent transcrits les statuts de 1597. Pourquoi ce procès a-t-il eu lieu? Est-ce parceque M. Mathieu était étranger au bailliage? Est-ce parceque la confection du chef-d'œuvre était tombée en désuétude ou par toute autre cause! Pour quelle raison invoque-t-on les statuts du Châtelet? Ce sont là toutes questions qu'il ne nous a pas été permis de résoudre.

En 1649, malgré l'augmentation de deux setiers à la jauge les abus et contraventions continuèrent soit par la malice des temps ou des ouvriers ou maîtres tonneliers qui façonnèrent les vaisseaux et qui « d'ail- « leurs négligeaient de faire les visites et d'avoir égard « sur lesdits ouvriers qui n'ont fait aucun chef-d'œuvre. « Il en est résulté, dit un procès-verbal du 7 juillet, un « tel préjudice au trafic du vin, qu'on va chercher du « vin dans les pays où la jauge est plus étroitement « observée attendu qu'on ne paie non plus pour une « pièce de vin de jauge que pour une pièce défec- « tueuse. »

Les principaux maîtres-tonneliers réclamèrent; le lieutenant-général rappela à l'observation des règlements de 1630 et à la marque en fer dont le dépôt en plomb devait être effectué au greffe.

Le prévôt ordonna la saisie de tous les vaisseaux du ressort qui n'auraient pas 36 setiers et l'exécution de ces prescriptions par les gouverneurs de la ville.

A l'occasion du trafic de vin étranger, voici un passage curieux et intéressant des mœurs de l'époque (Procès-verbal et ordonnance de 1649 — 7 juillet) :

« Et d'autant que ladite ville souffre encore des

grands intérêts par le débit et trafic du vin étranger qui se fait dans l'étendue dudit bailliage au préjudice des ordonnances politiques dernièrement insinuées, et que pour empêcher ce commerce, Philippe Lefez et Jacques Herbin, maîtres-tonneliers audit Laon aient été préposés pour veiller et dénoncer les contraventions qui se font journellement aux dites ordonnances, à quoi il était nécessaire de pourvoir, et sur ce de l'avis de ladite compagnie aurions mandé lesdits Lefez et Merbin, et serait seulement comparu ledit Lefez, lequel enquis des diligences qu'il aurait fait en exécution et au fait de la commission à lui donnée en ce qui regarde ledit trafic du vin étranger, a dit qu'au mois de décembre dernier lors de la dernière tenue de la police générale, il fut encore mandé en ce lieu pour même sujet, et qu'en ce temps il nous aurait fait plainte comme il aurait fait plusieurs fois depuis, et fait encore à présent de ce qu'encore que de l'ordonnance de ladite compagnie il ait vaqué exactement avec ledit Herbin à la recherche desdites contraventions et trafics qui se font dudit vin étranger et de ce en ai fait des dénonciations aux officiers de la prévôté de cette ville; néanmoins lesdits officiers auraient toujours méprisé et négligé lesdites dénonciations et n'auraient fait aucune justice sur icelles, ains sans autre connaissance de cause auraient donné main-levée des saisies qui auraient été faites dudit vin, ce qui tourne au grand préjudice dudit Herbin, et de lui remontrant, auxquels la moitié des amendes qui se doivent adjuger contre les contrevenants appartient, n'étant d'ailleurs raisonnable, qu'ayant familles à nourrir, ils perdent et consomment ainsi inutilement ledit temps sans que le public et eux en leur particulier en tirent aucune utilité et proffit. Pourquoi nous requérait de les vouloir décharger de ladite commission. Et à l'instant par les gouverneurs et receveur de ladite ville, nous aurait été remontré qu'entendant les plaintes que font journellement les habitants de cette ville de Laon du désordre et confusion en laquelle ils se trouvent réduits par les contraventions qui se font presque à tous les articles de la police, ils auraient été contraints pour le désir de leurs charges d'en faire plusieurs fois lesdites plaintes à M. Jean Bellotte, prévôt dudit Laon, lequel leur aurait fait entendre qu'il fallait qu'ils fissent et se portassent parties ou dénonciateurs contre les contrevenants à ladite police et sur ce qu'ils lui auraient réparti qu'il n'était besoin de dénonciation puisque le mal et contraventions paraissaient si visiblement que les plaintes en étaient publiques, ledit prévôt aurait insisté en ladite dénonciation et n'aurait tenu aucun compte de faire droit sur leur remontrance, desquelles ensemble desdites plaintes par eux plusieurs fois réitérées audit prévôt, desny et illusions de justice par lui faits à icelle, ils nous auraient aussi souvent fait lesdites plaintes tant verbalement que par écrit ainsi qu'ils nous faisaient encore à présent. Le désordre étant tel qu'il pourrait causer en bref des accidents dangereux et la perte et ruine de ladite ville, nous suppliant d'y pourvoir et de leur accorder acte desdites plainte et remontrances, dont la vérité était reconnue à ladite compagnie, laquelle à l'instant et unanimement aurait adhéré auxdites plaintes et remontrances, de tout quoi les gens du Roi nous auraient requis acte à eux accordé, ensemble audit Lefez de ce qui nous aurait ci-dessus représenté, et lui aurions de l'avis des assistants enjoint de continuer de veiller auxdites contraventions et de nous rapporter mémoire des dénonciations qu'ils ont fait depuis la tenue de la dernière police générale, et de celles qu'ils feront ci-après auxdits officiers de la prévôté pour en cas de négligence y être pourvu ainsi que de raison. »

En 1670, le prévôt ordonna qu'on pourrait se servir

seulement de vaisseaux de quatre pots par setier ; que les tonneliers emploieraient uniquement des bois de deux longueurs pour les vaisseaux ordinaires, savoir de 30 et de 31 pouces. Les deux pièces devaient avoir dorénavant 21 pouces de longueur, d'autres mesures de détail sont prescrites pour la confection. Il ordonna que la marque fut faite proche du bouge. Il dit que personne ne pourrait acheter que des vaisseaux marqués et que l'on devait déclarer le nombre des anciens vaisseaux que l'on possédait.

En 1677, les règlements exigeaient des tonneliers de porter au greffe de la prévôté les déclarations des vins qu'ils fraient vendre en ville.

En 1679, on défendit aux tonneliers conduisant les vendeurs de vins dans les caves de rien recevoir d'eux. Un procès fut commencé contre plusieurs tonneliers pour ce fait.

§ 3. — NOUVEAU RÈGLEMENT DE 1720.

Enfin, en 1720 on s'aperçut que les règlements faits pour la jauge, façon et qualité des bois, étaient inexécutés, et que les maîtres-jurés abusaient de leurs commissions, en s'accommodant avec leurs confrères. Le procureur du Roi prit des réquisitions à la suite desquelles intervînt, le 25 juillet, un nouveau règlement de police qui vise *les statuts* de 1597, les règlements de 1630, 1649, 1670 et un jugement de 1707 qu'on n'a pas retrouvé.

D'après ce règlement, les vaisseaux appelés demi-queue devaient être faits à la jauge de 36 setiers, chaque setier contenant quatre pots mesure de Laon ; pour revenir à la jauge des villes de Rheims et Orléans (lesdits 36 setiers faisaient les 3/4 du muids de Paris) à peine de 30 livres d'amende, applicable moitié aux dénonciateurs, et moitié à la communauté des maîtres-tonneliers. Ce règlement maintint la marque et son dépôt à peine de 20 livres d'amende.

Les tonneliers jurés ne devaient plus faire de visites que munis du jugement constatant leur prestation de serment sous peine de 20 livres d'amende, et de se voir poursuivis pour les visites et pour voies de fait. Ils devaient être accompagnés d'un sergent, lui faire saisir les vaisseaux défectueux sous peine d'amende arbitraire et lui faire assigner les délinquants devant le prévôt à un ou deux jours francs sous peine de dix livres d'amende; ils étaient obligés d'affirmer leur rap-rapport. Ils étaient chargés de la signification et de l'exécution des jugements rendus sur ce rapport; si ces jugements n'étaient pas prononcés contre eux. Ils étaient tenus de représenter un certificat du juge du lieu du délinquant constatant que la mesure prescrite par le jugement était exécutée ; défense leur était faite de s'accommoder avec les délinquants sous peine de poursuites en malversation et d'amende arbitraire. Défense aussi de saisir par animosité. Leurs visites devaient être ordinairement finies le premier septembre; les commissaires, aux saisies, ne pouvaient rendre aucun vaisseau saisi.

Une ordonnance du lieutenant-général du 27 juillet 1720 prescrivit aux trois maîtres-jurés de procéder à leurs visites, même les jours de fêtes, l'heure du service divin exceptée et leur accorda vingt sols par visite.

La promulgation de ce règlement de 1720 fut faite dans les villages et abbayes dépendant du bailliage par un huissier assisté des maîtres jurés tonneliers. Le bailliage avait juridiction, à cette époque sur deux villes : Laon et Crépy, un bourg, celui de Crécy, les abbayes de Cuissy et de Vauclerc et 60 villages (1).

(1) Les voici tels qu'ils sont indiqués au procès-verbal de transport du 26 août — 3 septembre 1720, dressé par le sergent du bailliage qui déclare s'être transporté, assisté des

§ 4. — 1720-1775. APPLICATION DU NOUVEAU RÈGLEMENT. — CONFLITS.

Depuis 1720, les visites se firent régulièrement. Chaque année on dressait un procès-verbal de prestation de serment, rappelant les statuts et règlements. Jusqu'à 1740 les contraventions paraissent avoir été régulièrement constatées. Voici un exemple de cette constatation :

« Nous jurés-tonneliers, demeurant à Laon, nous « serions entrés en la boutique de François Vilin, ton-« nelier, demeurant à Visnicourt, où étant lesdits jurés « procédant à la visite des futailles qui se sont trou-« vées en ladite boutique, en auraient trouvé dix en-« foncées; sept, rognées et quatorze en batissure toutes « défectueuses en petitesse non de jauge et non à « pointe de verge, lesquelles après avoir été rayées et « roannées de la roanne desdits jurés, je les ai saisis, « exécutés et mises sous la main du roi, auxquelles « j'ai établi commissaire la personne de Jean Lahaigue, « maître d'école, demeurant à Visnicourt, lequel par-« lant à sa personne s'en est volontairement chargé et « promis les représenter quand requis en sera.

En 1740, un conflit s'éleva entre l'élection et le bailliage sur la compétence du jugement des contraventions aux règlements des tonneliers. Déjà en 1670,

---

maîtres jurés dans tous les *villages dépendant du bailliage et juridiction de Laon*: Mons-en-Laonnois, Bourguignon, Montbavin, Merlieux, Lizy, Anizy, Brancourt, Vuisnicourt, Faucoucourt, Susy, Cessières, Crespy, Fourdrain, Couvron, Monceau-lès-Leups, Crécy, Laval, Montnanteuille, Chevregny, Bray, Soupir, Verneuille, Troyon, Moulin, Geny, Pargnant, Œuilly et Beaurieux, abbaye de Guissy, Jumigny, Vassogne, Houche, Craonnelle, Craonne, Corbeny, Ezelle, St-Thomas, Gourlancourt, Berieux, Houtre, St-Erme, Ramecourt, Montaigu, Morgny, Festieux, Vorge, Bruyères, Parfondru, Velud, Courtrizy, Aubigny, Sainte-Croix, Boucpnville, abbaye de Vauclerc, Bievré, Harancy, Montchalons, Orcheval, Martigny, Monthenault, Colligis, Crandelain, Trucy, Lierval, Presle.

un conflit semblable avait été terminé par une sentence du lieutenant général ; mais le propre des petites justices ou des tribunaux extraordinaires était de créer des difficultés, et il faut bien l'avouer de tirer à eux à cause des épices.

Le 18 juillet 1740, le lieutenant général prononça une sentence par laquelle il défendait aux tonneliers de procéder autre part que devant lui à peine de 500 livres d'amende. Il reconnaissait que la jauge ne pouvait regarder les élus que dans le seul cas où les vaisseaux étaient pleins de la liqueur intéressant les droits du Roi ou les fermiers des aides ; mais il les déclarait incompétents en tous autres cas. Cependant le 27 juillet l'élection ordonnait la visite des tonneaux neufs et la constatation des contraventions à la jauge.

Ce conflit a dû se terminer en faveur du lieutenant général, car on n'en constate plus d'autres.

Vers 1756, il semble que de nouveaux abus se soient introduits et qu'on ait dû tenir la main avec plus de rigueur à l'exécution des règlements. En effet, on a soin dans les procès-verbaux de prestation dont l'expédition servait de commission, de rappeler les termes exprès des règlements et de prescrire la visite, même dans les abbayes, maisons religieuses et particulières. On renouvelle surtout la défense de rien prendre dans les monastères, ni chez les marchands de futailles qui ne travaillent point eux-mêmes. Mais chaque juré a droit à 30 sols sur chaque tonneau. La médiocrité des récoltes est constatée dans les procès-verbaux de 1775.

« Dans leurs visites, pendant cette année là, les maîtres jurés n'ont trouvé que le quart tout au plus des maîtres tonneliers qui avaient fait des futailles pour la récolte, de sorte que lors de cette visite de laquelle ils devaient au moins retirer leur dépense, ils avaient été obligés d'y mettre du leur pour subvenir aux frais tant de la commission que de ceux de l'huissier et leur dépense de bouche. Ils savaient qu'il était d'usage de faire partout chaque année les fonctions de cette jurande: cependant il est arrivé que dans une année aussi malheureuse que cette dernière, le lieutenant général a prorogé des jurés dans leurs fonctions pour un an, et ils demandent la même faveur, qui leur est accordée. » (Procès-verbal 12 août 1775.)

§ 5. LES TONNELIERS DE 1777 A 1789.

Après les édits de 1777 l'ancienne communauté des tonneliers fut réunie à celle des menuisiers, ébénistes, tourneurs, layetiers et boisseliers.

En 1777, la visite fut faite par les syndic et adjoint des menuisiers et un ancien maître de la communauté des tonneliers. Les tonneliers proprement dits s'en émurent. Le lieutenant général décida que les tonneliers lui donneraient leur avis sur la forme dont s'était faite jusqu'alors la visite des tonneaux et la manière la plus avantageuse dont ils pourraient la faire. Les tonneliers se présentèrent devant le lieutenant et lui dirent que de temps immémorial la visite avait été faite par des tonneliers et non par des menuisiers qui ne peuvent connaître la qualité du bois ni déterminer la jauge, ce qui est préjudiciable pour le public.

En 1779, les même syndic et adjoint menuisiers demandèrent à être maîtres-jurés. Le procureur du Roi requit que quatre maîtres de l'ancienne communauté des tonneliers fussent entendus sur forme de la visite à faire. Leur avis pris, le procureur du Roi requiert la visite par des tonneliers nommés *d'office*, au lieu de l'être par la communauté.

Les procès-verbaux vont jusqu'en 1781.

En 1786 on a, suivant l'article 10 de l'édit de 1777, le tableau général des menuisiers confirmés et des agrégés.

Il y avait à Laon 17 maîtres confirmés de cette communauté; c'est-à-dire des maîtres qui avaient acquitté les droits exigés par les nouveaux édits; il y avait vingt-trois agrégés, c'est-à-dire vingt-trois anciens maîtres qui n'avaient pas acquitté lesdits droits et qui, en conséquence, ne pouvaient être admis aux assemblées ni être autorisés à cumuler les professions.

§ 6. OBSERVATIONS.

A la lecture de ces faits, les observations suivantes ne se présentent-elles pas naturellement à l'esprit?

L'uniformité de la jauge et l'obligation de la marque étaient d'excellentes mesures de garantie. A la vérité, la jauge variait dans chaque province; mais chaque province constituant, pour ainsi dire, un état particulier et limité dans son exportation, jouissait de règles fixes maintenues par l'autorité.

Aujourd'hui nous possédons le système uniforme des poids et mesures. Il est obligatoire, excepté précisément pour le commerce des vins. La jauge varie encore, de contrée en contrée, mais dépourvue de sanction légale. Les dimensions et la contenance des vaisseaux sont réputées connues du vendeur et de l'acheteur. C'est entr'eux une affaire de bonne foi. La queue du Laonnois est de 405 litres, la pièce d'Auvergne de 300 litres, la pièce de Bordeaux de 220 litres. Une seule exception existe pour les tonneaux des brasseurs, ils doivent contenir 75 litres; et les brasseurs sont obligés de donner à leurs tonneaux une marque particulière (Loi du 16 avril 1816, art. 124.). En vain, l'on a cherché à rendre obligatoire l'application du système métrique aux dimensions et poids des barils fabriqués pour être vendus. Une ordonnance du 17 avril 1839 art. 32, a déclaré que les vases ou futailles servant de récipiens aux boissons, liquides, etc., ne sont pas réputés mesures de capacité ou de pesanteur. La question en est restée là.

Le régime d'autrefois n'offrait-il pas plus de garantie? C'est incontestable en principe. Mais de nombreux abus s'étaient glissés dans l'application. Comme on vient de le voir, les ordonnances des lieutenants généraux étaient motivées surtout par les arrangements que prenaient les tonneliers jurés avec leurs confrères, les gros propriétaires et les abbayes. Il était regrettable aussi de soumettre les caves des particuliers à la visite. Enfin des procès fréquents et irritants naissaient et se prolongeaient. Ce mode d'exécution était le corollaire des idées de l'époque. Néanmoins une règle existait; des sanctions pénales la protégent; les contraventions des juges eux-mêmes étaient punissables. La garantie pouvait être considérée comme suffisante. Qu'aurait-il fallu pour la rendre complètement efficace? Que les jurés fussent choisis par le lieutenant général en dehors des maîtres de la communauté. Alors les jurés, simples agents de l'autorité, eussent rempli leur mission sans esprit de corps ni préoccupation d'intérêt personnel. De nos jours, les personnes chargées de jauger les tonneaux, au point de vue purement fiscal, et de vérifier les poids et les mesures, sont des employés de l'Etat. Aussi ce service est-il à l'abri des reproches d'inexactitude et de concussions élevés contre les jurés compères des anciennes communautés.

De l'examen des règlements de ces corporations, on pourrait donc tirer : 1° le principe d'une jauge unique ou régionale à généraliser peu à peu pour la France sous la surveillance de fonctionnaires spéciaux; 2° et les moyens de déterminer cette jauge en combinant les usages de chaque pays et les indications des statuts jusqu'à nousprésent connus. Nous contentons de donner cet exemple de l'utilité que peut avoir l'étude du passé et en particulier des statuts des corporations. A notre sens, la loi d'égalisation ou d'uniformité, qui est une loi de garantie devrait être le corollaire de la loi d'exportation. Elle nous parait être une nécessité aujourd'hui surtout que l'on transporte dans tous les pays des vins inconnus encore, il y a vingt ans et qui se consommaient sur place.

§. VII. Statuts de 1597.

Suivent les statuts de 1597 rappelés en tête d'une ordonnance de règlement rendue le 23 juin 1635 par le prévôt de Laon, à l'occasion de la réception comme tonnelier de Philippe Mathieu.

EXTRAIT

DU REGISTRE DU GREFFE DE LA PRÉVOTÉ DE LAON,

CE QUI SUIT :

Statuts et ordonnances sur les maîtres du métier de Tonnelier.

A tous ceux qui ces présentes, lettres verront, Charles Martin, licencié ès-lois, prévôt de la ville et cité de Laon, juge et garde de la prévôté foraine dudit Laon, salut, savoir faisons que nous et en suivant l'ancienne manière de faire de cette ville de Laon et autres villes, et lois du royaume, et afin de donner ordre sur le fait et état des tonneliers de cette ville de Laon, comme aux autres états et métiers, d'y celle par l'avis et délibération des maîtres desdits métiers. et de la plus grande et saine partie d'y ceux pour les entretenir en paix et police, avons après mûre délibération en la présence d'honorable homme, maître Jacques de Lancy, procureur du roi, ès-dite prévôté, décrété, décerné et ordonné, décernons, statuons et ordonnons les choses qui en suivent :

1° Les maîtres tonneliers, faisant neuf ouvrage seront tenus d'assembler leur bois suffisament sans aubain, sans rouge bois, sans bois noyé, et principalement aux dès queux et pour trois douves rouges aussi au versail, et non ailleurs, et leur l'ouvrages a les voir suffisans fais pointures de verges ; et aussi d'avoir bougé suffisans sur peine de douze deniers d'amende appliquée au Roy et refaire l'ouvrage, bien et dûment et douze deniers parisis pour la chandelle.

2° Seront tenus tous lesdits maîtres de rogner suffisament sans accourer le bois de faire jarler comme il appartient à l'ouvrage sur pareilles peines.

3° Seront tenus lesdits maîtres de loyer un poinsson de quatre cerceaux au bouge, et de cinq cerceaux sur le fond, et de lier comme chebande, et comme rebande de trois loyeures, et sur le fonds de quatre loyeures, et les taillus pareillement, à peine de douze deniers d'amende à appliquer comme dessus.

4° Ne peuvent nuls maîtres ni ouvriers, enfoncer mêmes ouvrages devant le jour de saint Jean-Baptiste, sans le congé des maîtres, et aussi que les maîtres y soient appelés pour visiter l'ouvrage, si le bois est sec pour enfoncer, à peine de l'amende de dix sous pour appliquer comme dessus de confiscation de l'ouvrage par eux fait auparavant le dit jour, sans appeler les maîtres.

5° Nuls compagnons dudit métier de tonnelier ne pourront être reçus à chef-d'œuvre, s'ils n'ont été apprentis par trois ans sur un maître de chef-d'œuvre de cette ville de Laon.

6° Ne peuvent nuls ouvriers de tonneliers tenir boutique, n'y ouvroir tirer n'y avaler vin audit Laon, n'y en la paix sans avoir façonné une pièce d'ouvrage bien et suffisamment au vu des maîtres aussi de payer les droits accoutumés, c'est à savoir à nous et en notre absence à notre lieutenant dix sous parisis à chacun maître dix sous parisis avec une livre de cire à la chandelle comme il est accoutumé d'ancienneté, et si autrement le fait il l'amandera à la discrétion du Juge, et le fera cesser jusqu'à ce qu'il ait fourni.

7° Nuls ouvriers tels qu'ils soient ne doivent mettre

gaureaulx en neuf ouvrage, en peine de douze sous parisis d'amende et de confiscation de l'ouvrage.

8° Tous lesdits maîtres ouvriers passés audit Laon seront tenus d'avoir chacun leur marque pour marquer les vaisseaux qu'ils vendront afin que lesdits maîtres puissent connaître chacun leur ouvrage sur peine de cinq sous parisis et de perdition de l'ouvrage non marqué.

9° Nuls bourgeois ne peuvent et ne pourront faire faire queues à Laon, et n'en la paix, excepté pour autant qu'il leur en faut sans qu'ils en puissent vendre ni bailler en autres mains en peine de vingt sous parisis et de confiscation de l'ouvrage.

10° Que nuls marchands tant de ladite ville que des autres lieux ne pourront vendre en cette dite ville, futailles, cerceaux, n'y osiers, si elles ne sont loyalles et marchandes, et dont la visite s'en fera par les maîtres à ce connaissant lesquels poinssons tiendront jaulge et quatre demi queues au tonneau, et trois poinsons sur le tonneau, chacun poinssons contenant quarante-cinq septiers un pot et un tiers, et pour la demie queue trente-quatre septières et ainsi les autres vaisseaux, à l'équipolent, en peine d'amende arbitraire et de confiscation de ce qui ne sera point trouvé loyal.

11° Pour refaire vendange, tous ouvriers seront tenus de refaire lesdites vendangère, bien suffisamment, et de mettre cerceaux neufs où il appartiendra, et aussi de mettre dorures où il sera nécessaire ; et de rejoindre les douves voisines et aussi prendre compas auxdits vaisseaux, avec les détails le fond ou rond sans aplatir les chanteaux, et aussi de mettre chevilles suffisantes où il sera de nécessité sur peine de douze sous parisis.

12° Seront tenus lesdits maîtres ou ouvriers de relier une pièce de vin bien et suffisamment et de mettre commencé bande et contrebande en tout neuf, si l'ouvrage le requiert et encore a asommelier bien et suffisamment, sur l'amende de douze sous parisis.

13° Nuls ouvriers de dehors ne peuvent et ne pourront faire cuves à Laon, si elles ne sont faites bien et suffisamment et aussi que bois soit sec sans rouge bois et sans aubain sous peine de vingt sous parisis d'amende.

14° Nuls ouvriers de dehors ne peuvent et ne pourront venir ouvrer à Laon ni en la banlieu sans avoir payé six sous parisis à la chandelle, et d'ouvrer en la manière accoutumée comme lesdits maîtres ont coutume de besogner.

15° Lesdits maîtres ou ouvriers ne pourront mettre vieux bois avec le neuf, en vaisseaux à mettre vin, sous peine de cinq sous parisis d'amende, et de perdition de la futaille.

16° Nuls ouvriers ne peuvent et ne pourront tenir aucun apprenti sans payer les droits de maître, c'est à savoir vingt sous parisis pour la hachette comme il est accoutumé d'ancienneté.

17° Si aucun marchand d'oziers et de cerceaux, amenent ladite marchandise, elle doit être comme ci-dessus loyale et marchande, sans que les couronnes de cerceaux soient forcées, c'est à savoir, que lesdits cerceaux soient tous d'une même longueur pour les demi tonneaux de dix pieds, et pour les poinssons de neuf pieds, et pour les demi queues de huit pieds, et si elle n'en autre, elle ne sera vendue audit Laon, ni en la paix.

18° Il doit avoir en une torche d'oziers quatre-vingt ronds pareillement qu'elles soient fendues en trois, et que la plus courte ait une aune de long, et que quand l'un des maîtres dudit métier de tonnelier ira de vie à trépas, et que la semonce aura été faite bien et dûment à chacun de ses confrères, de soy trouver à son enterrement, celui qui sera trouvé défaillant paiera six sous parisis, avec six sous parisis, que paieront les défaillants qu'ils feront au service, eux étant invités et convoqués au service.

19° Que les trente sous parisis que les maîtres dudit métier ont accoutumé d'avoir pour assister à l'enterrement, et au service de leur confrère, d'ici en avant les dits trente sous parisis seront payés à ceux qui assisteront audit service.

20° Que tous maîtres qui seront défaillants, d'assister, et eux trouvés aux vêpres, la veille de l'apparition Saint-Michel, paieront six sous parisis, appliqués au divin service.

21° Paieront aussi les défaillants maîtres dudit métier, qui n'assisteront à la messe, ledit jour de l'apparition Saint-Michel six sous parisis d'amende qui seront appliqués au service divin, cessantes toutes excuses, n'étaient maladies ou absense de la ville.

22° Que chacun an, durant les fêtes de Pâques ou en autre temps plus convenable s'éliront trois maîtres dudit métier, lesquels seront tenus de faire serment de bien et loyalement visiter les ouvrages desdits tonneliers, et que les fautes qu'ils y trouveront, ils en feront bon et loyal rapport à nous ou à notre lieutenant nous absent.

23° Et lesquels trois maîtres ainsi qu'ils pourront par chacune semaine ou par chacun mois visiter les ouvrages des autres tonneliers, à savoir s'ils sont bons et loyaux, et s'ils ne sont point faits au préjudice de ces ordonnances, et auront lesdits trois maîtres, la moitié aux amendes qui viendront au moyen de leur rapport.

24° Défendons auxdits maîtres de ne receller les malfaiçons qui se trouveront es ouvrages dudit métier, de ne faire aucune composition avec les délinquants, sous peine d'amende arbitraire.

25° Que les maîtres jurés dudit métier qui assisteront et seront présents aux chef-d'œuvres, sera seulement tenu le compagnon durant le temps qu'il fera, ledit chef-d'œuvre donné à dîner auxdits maîtres jurés, selon leur état et qualité.

26° Que les compagnons qui nous seront présentés comme suffisant pour faire le serment audit métier, seront tenus y ceux compagnons le jour qu'ils feront ledit serment par devant nous ou notre lieutenant en notre absence, donné à dîner aux maîtres jurés dudit métier.

27° Que le plus ancien maître dudit métier, avec l'un desdits trois maîtres eslus pourra semblablement par chacune semaine ou par chacun mois visiter, l'ouvrage desdits trois maîtres tonneliers pour l'année de leur maîtrise et aura le tiers des amendes qui viendront au moyen de son rapport.

Lesquelles ordonnances et articles ci-dessus déclarés ordonnons auxdits maîtres jurés et autres dudit métier, les garder inviolablement, sur peine d'encourir les amendes contenues ci-dessus et d'amende arbitraire s'il y eschet en témoin de ce nous avons signé les présentes de notre seing manuel. et fait signer par Nicolas Etienne, greffier de ladite prévoté. Et fais sceller du scel et contre-scel de la dite prévoté. Ce fut fait en la présence dudit de Lancy; procureur du Roy, ès-dite prévoté, et de son consentement, *le neuvième jour de janvier, mil cinq cent quatre-vingt-dix-sept.*

Signé : MARTIN DELANCY ET ESTIENNE.

Sachent tous ce qu'en la cause mue et pendante par devant nous Jean Seguain, conseiller du Roy, prevot juge ordinaire civil et criminel de la ville et cité de Laon, entre les maîtres jurés tonnelier de cette ville de Laon, demandeurs afin d'être reçus opposant contre Philippe Matthieu, défendeur, parties ouies par leurs procureurs même l'avocat du Roy, en son réquisitoire nous avons ordonné que ledit défendeur sera admis au métier de tonnelier en faisant par lui préalablement le gros expérience dudit métier et sans frais conformément au règlement du chatelet de Paris, et ordonne suivant la requête de maître Guillaume Levoirier, procureur du défendeur, que les demandeurs se mettront en présentation et que Botté procureur des demandeurs se fera avouer sy mandons au premier sergent royal de cette prévoté faire pour l'exécution des présentes tout exploit requis et nécessaires, de ce faire donnons pouvoirs.

Donné à Laon, le vingt-unième juin, *mil six cent trente-cinq*.

Signé : DESMONT.

Cejourd'hui vingt-troisième juin, mil six cent trente-cinq, par devant nous Jean Seguain, conseiller du Roy, etc. Philippe Mathieu, comparant en personne nous a remontré que suivant notre appointement du vingt-un de ce mois, et pour y satisfaire, il aurait fait une futaille, laquelle il aurait fait voir par les maîtres jurés du métier de tonnelier, afin de reconnaître, s'ils trouvaient quelque chose; qui manquat pour empêcher qu'il ne fut reçu. Sur quoy, ouï lesdits maîtres, qui ont dit avoir vu et visité ladite futaille, étant y celle, bien et dûment faite, pourquoi ils n'avaient moyen d'empêcher sa réception, requérant que dorénavant il en fut admis à travailler, qui n'ayent satisfait aux arrêts de la cour, et réglement fait pour ce en la ville de Paris, ouï aussi l'avocat du Roy pour l'absence du Procureur dudit Seigneur. Nous avons ordonné que ledit Mathieu sera reçu audit métier de tonnelier pour travailler comme les autres maîtres suivant les ordonnances dudit métier, auquel dorénavant ne sera plus admis aucune personne qu'il n'ait fait quelque légère expérience, suivant les règlements faits à ce sujet, en la ville de Paris, acte de ce que les maîtres jurés ont avoué maître Claude Boté, leur procureur, de quoy a été dressé le présent acte, les jours et an susdits.

Signé : Desmont.

Délivré par moi greffier, soussigné conforme à l'original pour servir ce que de raison en foi de quoi j'ai signé.

Signé : Huet.

VI. TELLIERS

§. I. STATUTS.

A tous ceux qui les présentes lettres verront François Vairon (1) licencié ès-lois prévost de la cité de Laon, salut. Vue la requête ci-devant à nous faite par le Procureur du Roi royal de ladite prévoté et la communauté des Telliers de ladite ville tendant à ce que pour obvier aux abus qui se sont commis et commettent journellement en la manufacture des toiles, poids et aulnage d'Icelle qui se feront tant en cette ville que dehors; il nous plût dresser ordonnance sur ledit métier pour être inviolablement gardé par les personnes qui seront par nous avec ledit procureur du Roi et les maîtres dudit métier aposé avec un mémoire de ce que ce doit observer par ceux qui seront et sont maîtres audit métier, le tout communiqué audit Procureur du Roi, ce qui suit :

Premièrement; que tout maîtres dudit métier, leurs femmes et domestiques seront tenus par chacun an le jour du Saint-Sacrement, se trouver à la procession générale qui se fait ledit jour et suivre leurs chandelles comme ceux des autres métiers, une chandelle à la main à peine de 4 fr. parisis d'amende applicable à la confrérie.

Seront aussi tenus le jour de Saint-Nicolas d'Eté, faire célébrer en l'église des Cordeliers de cette ville

(1) Prévôt de la Cité 1599-1611. — Melleville, T. I. p. 283

un service solennel à l'honneur de Dieu et de M. Saint-Nicolas qu'ils ont choisi pour leur patron, à savoir, la veille vêpres, le jour messe chantée, à diacre et sous diacre avec procession avant ladite messe, les vêpres, le lendemain, messe et vigile pour les trépassés aux quels service les maîtres et compagnons du métier seront tenus d'assister à peine de quatre sols parisis d'amende s'ils n'ont excuses légitimes.

Le dernier Monsieur reçu audit métier sera tenu de servir à ladite confrérie tant qu'il n'y aura un autre reçu audit métier de faire les semonces à tous les confrères et eux se trouver les jours et fête dudit Saint-Nicolas, soit d'hiver et d'été aux services qui se feront ledit jour en ladite église des Cordeliers ; auxquels ensemble ledit dernier maître reçu qui aura fait la semonce seront tenus trouver sans excuse légitime à peine de 4 sous parisis d'amende applicable à la chandelle ;

Le jour de fête de Monsieur Saint-Nicolas soit d'hiver et d'été les maîtres dudit métier ne feront ni promettront en la ville et faubourg, faire aucun œuvre dudit métier à peine d'amende arbitraire, moitié au Roi, l'autre moitié à la chandelle de ladite confrérie ;

Quand un compagnon dudit métier voudra être reçu maître dudit métier il sera tenu par chef-d'œuvre marquer, laisser rentraire et faire un aulne de toile, bien et dûment qui sera vu par lesdits maîtres jurés dudit métier en notre présence avec ledit Procureur du Roi avant être reçu ;

Avant que ledit chef-d'œuvre puisse être reçu, les maîtres jurés seront tenus d'appeler les maîtres dudit métier pour voir ledit chef-d'œuvre qui demeurera vingt-quatre heures par devant nous ou autres lieux qu'il sera avisé à ce qu'il puisse être vu par les maîtres dudit métier, laquelle heure passée il sera trouvé bien fait par les jurés, il sera reçu ;

Les fils des maîtres seront tenus pour chef-d'œuvre marquer seulement, le compagnon qui voudra faire plein chef-d'œuvre sera tenu de faire en plein ouvrage de Venise ouvré qu'il n'ait fait plein chef-d'œuvre à peine de confiscation ou d'amende arbitraire applicable au Roi pour moitié et l'autre à la confrérie.

Ne pourront les compagnons qui auront été reçus, faire autres ouvrages que de celle dont ils auront fait chef-d'œuvre et s'il n'a fait chef-d'œuvre de Venise ains seulement;

En œuvre de Paris, tant grand que petit ne pourra travailler que dudit œuvre à peine que ci-dessus;

Tout maîtres dudit métier seront tenus faire la toile de plaine largeur, bien et dûment à l'équité et ou elle se trouverait plus étroite que le boujon et largeur d'ancienneté seront condamnés en amende arbitraire applicable comme dessus.

A ce qu'aucuns maîtres ne puissent être reçus pour faire chef-d'œuvre dudit métier, s'il n'est capable ou tel reconnu par lesdits maîtres et compagnons dudit métier de toucher à l'ouvrage qui sera fait par le compagnon qui voudra être reçu audit chef-d'œuvre, lui montrer ou enseigner aucune chose à ce qu'il doit faire pour parvenir audit [chef-d'œuvre, à peine d'amende arbitraire comme dessus;

Ceux qui voudront prendre aprentif ne le pourront tenir plus de huit jours sans payer au receveur de leur confrérie la somme de douze sous parisis pour l'entrée dudit aprentif pour l'entretien de la chandelle, laquelle somme lesdits huit jours passés, ils paieront en leurs purs et privés noms sauf leurs recours contre celui qui leur aura baillé ledit aprentif;

Tous compagnons qui seront reçus à faire chef-d'œuvre seront tenus payer pour l'entretien de la chandelle

4

et confrérie la somme de 24 sous parisis dont le receveur d'icelle tiendra compte;

Pour obvier aux différents qui pourraient mouvoir entre les tisserands et mulquiniers, défenses sont faites de faire aucunes toiles qu'il n'ait passé chef-d'œuvre dudit ouvrage, les maîtres dudit métier de tisserand appelés à peine de Confiscation, dommages et intérêts ou d'amende arbitraire comme dessus ;

Tous compagnons qui auront commencé un ouvrage dudit métier chez un maître ne pourra partir de la maison du maître où il travaille, qu'il n'ait achevé sa pièce qu'il aura commencé à peine de douze écus d'amende ou plus grande à l'arbitrage de nous sans le consentement du maître où il travaillera, défense à tous maîtres de le recevoir sans le consentement de maître de la maison duquel il fera partie sous les mêmes peines applicables comme dessus ;

Les maîtres qui seront reçus égard et juré seront tenus payer pour la première fois à la confrérie la somme de quatre sous parisis ;

Les compagnons qui travailleront de boutique en boutique paieront par chacun an pour l'entretien de la chandelle 2 sous parisis ;

Pour obvier aux asbus qui se commettent en la manufacture des toiles qui seront tenus en la ville, faubourg et village, poids et aulnage d'icelles il est permis aux maîtres jurés dudit métier, aller par les foires, marchés et boutique des ouvriers dudit métier, visiter leurs ouvrages, poids et aulne et des malfaçons, avertir le Procureur du Roi et cependant saisir leurs poids ou aulne en cas de défense ou mal façon et à cette fin prendront commission de nous, lesquelles visitations lesdits maîtres seront tenus rapporter par devant nous soit qu'il y ait malversation ou non de trois mois en trois mois ;

Quant aucuns confrères ou leurs femmes iront de

vie à trépas, les confrères de ladite confrérie seront tenus assister aux convois et porter les corps s'ils en sont requis, faire bailler les torches de ladite confrérie pour y être porté au convoi pour quoy y sera baillé par les héritiers du décédé la somme de 24 sous parisis sur laquelle somme sera pris le droit du vallet de ladite confrérie ;

Tous les maîtres dudit métier qui ont requis les présentes ordonnances qui sont : Anthooine Lahache, Claude Lépin, Nicolas Boutard, Jean Deprez, Jean Chapelein, Jacques Regnault, Jérome Legris, Michel du Feu, Ivrard Godard, Nicolas Leclerc, Charles Wuaflart, Martin Monerevillé, Jean Vuarel, Jean Paton, François Luzurier, Jean Thosée, Jean Harnoult, Nicolas Grandin, Nicolas Charpentier, Jean Leroy, Melchior Lebeau, Robert Dufour, Samson Poitier seront tenus pour tous chef-d'œuvre attendu leurs expériences de longtemps jurer par devant nous le Procureur du Roi présent de garder et observer, en tout et partout les présentes ordonnances et payer les droits de serviteur de ladite confrérie ;

Tous lesdits maîtres ont presté le serment à ce requis de garder inviolablement les présentes ordonnances lesquelles seront publiées à son de trompe ce réquérant ledit procureur du Roi à ce que nul n'en prétende cause d'ignorance, à témoin de quoi nous avons fait mettre à ces présentes le scel et contre scel de ladite prévoté qui furent faites et données audit Laon le cinquième jour d'octobre 1702.

Signé : Estienne (1).

Cejourd'hui trente août mil six cent vingt-sept par devant nous Jean Segain (2) conseiller du Roi, Notre Sire, prévôt de la ville de Laon assisté du Procureur

(1) Le texte porte 1702. C'est probablement une erreur de copiste. Il faut sans doute lire 1602.

(2) Segain prévôt de la cité de 1618 à 1642.

du Roi et de notre greffier sont comparus les communautés des mulquiniers et tisserands de cette ville représentés par Nicolas Camus, Gille Blanchart, Pierre Millet, Pierre Doulet, Marcq Cotte, Gille Carlier, Ruffin Mignot, Jacques Poittevin, Claude Dieute garde, Antoine de la Bove maître, dudit métier de mulquinier assistés de maître Gilles Dany leur procureur et lesdits tisserands et telliers par Michel du feu Gille Dupré, Gilles Sueur, Jean Thomas, Gilles Leblais, Oudin Gibourdé, Gille Mittelet, Pierre Vignon, Louis Defrance et autres dudit métier de tisserand assistés de Me Charles Martin leur Procureur qui nous ont dit et remontré que règlement ordonné d'entre lesdites parties, ils se sont trouvés pour contester sur desbas qu'ils avaient les uns à l'encontre des autres, pour le règlement de leur mesure et les entreprises être réciproquement faits par les uns et les autres à cause de quoi ils étaient en procès et que pour icelui terminer ils s'étaient accordés ensemblement, savoir que les tisserands et telliers pourront faire de ladite toile tant lins que chanvre large et étroites et telles qu'il paiera aux bourgeois de la ville jusqu'à 28 du compte desdits tisserands;

Que les mulquiniers ne pourront faire aucune toile de chanvre au-dessous dudit compte de 28 des tisserands et de neuf et demi au compte desdits mulquiniers de Saint-Quentin;

Que les mulquiniers pourront faire toute sorte de toiles tant lins que chanvre au-dessous du susdit compte en nombre du vingt-huit et de neuf et demi;

Qu'il sera promis et loisible auxdits maîtres tisserands et telliers de faire visitation pour connaître si lesdits mulquiniers ne travailleront point en toile de chanvre au préjudice du présent règlement;

Pareillement sera promis audits mulquiniers de visiter les ouvrages desdits tisserands et telliers pour connaître des contraventions audit présent règlement;

— nous réquérant lesdites parties vouloir le règlement entre eux accordé en la forme ci-dessus par notre jugement; — sur quoi ouï le Procureur du Roi qui oui accordé et consenti et requis qu'il fusse inséré afin de leurs ordonnances pour les garder inviolablement à peine de six livres parisis d'amende contre les premiers contrevenants nous du consentement desdites parties et du Procureur du Roi avons ordonné et ordonnons que les susdits règlements sera entretenu et gardé entre lesdites parties et celui registré afin de leur ordonnance défenses à eux faites d'y contrevenir à peine de soixante sols parisis d'amende contre les contrevenants de plus grande somme et en la minute signé dudit sieur Segain et dudit sieur Procureur du Roi et de notre greffier les jours et an susdits ;

Signé : Segain, Delancy, Carpeau, greffier.

A tous ceux qui ces présentes lettres verront Jean Ségain conseiller du Roi notre sire prévôt, juge ordinaire civil et criminel de la ville, cité et prévôté foraine de Laon savoir faisons que vu la requête à nous présentée par les maîtres jurés du métier des tisserands de toiles dudit Laon tendant à ce que pour les considérations y contenues, il nous plût leur permettre peser et aulner les toiles tant en cette ville que faubourgs et villages, les jours des foires et marchés et estalages;

Avec les statuts et ordonnances de toiles de ladite ville, le réquisitoire du Procureur avons conformément auxdites ordonnances permis aux maîtres jurés dudit métier de peser et aulner par les foires et marchés et boutiques des ouvriers les ouvrages des toiles et de prendre pour chaque aulne ou livre un denier qui sera employé à l'entretien de la chandelle dudit métier, les vacations desdits jurés préalablement pris prenant la taxe qui en sera par nous faite par notre jugement et à droit; donné à Laon le douzième jour de juin 1629 ;

Signé : Ségain, Delancy, Carpeau, greffier.

Registré de l'ordonnance de nous Estienne Leclère, seigneur de Montafief, conseiller du Roi, Président et lieutenant général au baillage et siége présidial de Laon le 30 janvier 1715, mis aux liasses des sentences d'appointés (1).

§ 2. LETTRES DE MAITRISE DE TISSERAND.

LOUIS, par la grâce de Dieu, roi de France et de Navarre:

A tous ceux qui ces présentes lettres verront *salut*: par édit du mois de juin 1725, Nous avons en considération de notre mariage, créé, érigé et établi six maîtres de chacun, Art et Métier dans notre bonne ville et faubourgs de Paris ; quatre dans chacune de nos villes, ou il y a cour supérieure, trois dans celles où il y a présidial, bailliage, ou senechaussée, et deux seulement dans toutes les autres villes et autres lieux de notre royaume, où il y a Jurande, pour y être pourvu par nous de telles personnes que nous voudrons choisir. A *ces causes*, savoir faisons, que désirant pourvoir aux Maîtrises à établir en notre ville de Laon. Nous avons nommé, fait et établi, Nommons, faisons et établissons par ces présentes, notre bien aimé *Jean-Pierre Rétrain*, maître du métier de tisserand en notre dite ville de Laon, pour de la dite Maîtrise faire libre exercice, en jouir et user par ledit Jean Pierre Rétrain sa veuve et enfants après son décès, aux droits privilèges et prérogatives y appartenant, tout ainsi que les autres maîtres jurés dudit métier reçus par chef-d'œuvre audit lieu, avoir pouvoir d'y mettre et tenir sur rues, en tels lieux et endroits que bon lui semblera, étaux, ouvroirs et boutiques garnis, outils, ustensils et autres choses nécessaires pour l'usage et exercice dudit métier, tout

(1) Voir aux enquêtes de 1627 une plainte des marchands de toiles de Laon contre les ouvriers qui les négligent quant à la façon, à la vente et au transport.

ainsi que les autres maîtres ayant fait chef-d'œuvre et expérience. *Si donnons en mandement* à notre lieutenant général de police de ladite ville de Laon, ou autres nos officiers et justiciers qu'il appartiendra, que dudit Jean Pierre Rétrain, faisant profession de la religion catholique, apostolique et romaine, pris et reçu le serment, en tel cas requis et accoutumé, ils le reçoivent maître dudit métier de tisserand, le faisant jouir et user pleinement et paisiblement de ladite Maîtrise, droits et prérogatives y appartenant; même du pouvoir d'assister à toutes visites et assemblées dudit métier, pour entrer en son ordre en la Jurande, et être reçu garde, ainsi que les autres maîtres-Jurez sans qu'il soit tenu de faire aucun chef-d'œuvre ou expérience, ni subir aucun examen payer banquets, droits de confrairie et de boëre, ni aucun autres droits que les jurez dudit métier ont accoutumé de prendre et faire payer à ceux qui veulent être reçus maîtres et qui peuvent être portés par les statuts dudit métier, dont nous le dispensons, et sans qu'il soit fait, mis ou donné, ni à sa veuve et enfants après son décès aucun trouble ni empêchement par visites extraordinaires ou autrement. Lequel si fait lui était : Nous mandons le faire cesser et les mettre, ou faire mettre en leur premier état, nonobstant oppositions ou appellations quelconques pour lesquelles nous voulons que sa réception soit différée, le tout ainsi qu'il est plus au long porté par notre dit édit. *Car tel est notre plaisir*, en témoin de quoi, nous avons fait mettre notre scel à ces présentes. Donné à Paris le vingtunième jour de juin, L'an de Grâce mil sept cent vingt-six et de notre règne le onzième.

VII. — BOULANGERS.

On a trouvé, sur les boulangers, diverses condamnations remontant à 1651. Elles n'ont trait qu'à des contraventions de police. Rien ne s'oppose à leur publication. On y puisera une preuve de la sollicitude de l'administration dans les plus petits détails en cette matière.

EXTRAIT du Registre de la police du Greffe de la Prévostée de Laon, ce qui en suit:

Du vendredy vingt-quatrième jour de novembre mil six cent cinquante-un; pardevant nous Jean Bellotte conseiller du Roi notre sire prévost juge ordinaire,civil et criminel de la ville citée et prévostée foraine de Laon en la présence de M. Claude de la Campaigne, procureur du Roi, en la dite prévostée et de maistre François Vuarnet Bailly du duché;

Jean Minart, et François Hennaquin absoulz,

Ambroise Etienne relaxé pour cette fois de l'amende à lui enjoint de marquer son pain et de satisfaire au réglement; Louis Ricot absoulz;

Du samedy seizième jour de mars mil six cent cinquante-deux; pardevant nous Jean Bellotte, conseiller du Roi, prévost, juge ordinaire civil et criminel de la ville cittée et prévostée foraine de Laon. En la présence de M. Claude de la Campaigne, procureur du Roi en la dite prévostée et de M. François Vuarnet, conseiller au présidial bailly au duché,

Jean Minart, Nicolas Berthau, Charles Gay absoubz.

Antoine pour le deffault de poid trouvé en son pain condamné en douze solz parisis d'amende.

Jean pour le deffault de façon trouvé en son pain condamné en quatre solz parisis.

Ambroise pour le défaut de blancheur et de façon trouvé en son pain, condamné en seize solz parisis d'amende.

Du vendredy dix-septième jour de may mil six cent cinquante-deux, pardevant nous Jean Bellotte, conseiller du Roy notre sire, prévost, juge ordinaire civil et criminel de la ville cittée prévosté foraine de Laon en la présence de M. Claude de la Campaigne, procureur du Roi en ladite prévostée, et de M. François Vuarnet, conseiller au présidial bailly du duché.

Antoine Rozelet, François Selève, Pimon Clovis absoubz.

Nicolas, pour le deffaut de cuisson trouvé en son pain nous l'avons condamné en quatre solz parisis d'amende.

Georges Blavier, Michel Delespine et Pinson Bezouille pour n'avoir trouvé aucun pain en leur boutique seront condamnés chacun en quinze solz parisis d'amende, excepté ledit Blavier qui en demeure déchargé en considération de sa maladie.

Jacques Rinart, Charles Gay, Claude Descarrières et Yvan Ninart n'aiant leurs boutiques garnies seront condamnés en huit solz parisis d'amende chacun;

Ambroise Estienne pour n'avoir trouvé aucun pain en sa boutique, condamné en seize solz parisis d'amende.

Du vendredy treizième jour de décembre mil six cent cinquante-deux; pardevant nous, Jean Bellotte, conseiller du Roi, notre sire, prévost, juge ordinaire civil et criminel de la ville cittée et prévostée foraine de Laon, en la présence de M. Claude de la Campaigne, procureur du Roi en la dite prévostée et de M. François Vuarnet, conseiller au siège présidial bailly du duché.

Nicolas Bouhoury absoulz.

Jean Grenier, pour le défaut de façon trouvé en son pain condamné en quatre solz parisis d'amende.

Nicolas Berteau, pour le défaut de blancheur trouvé en son pain, condamné en quatre solz parisis d'amende.

Michel Delespine, Antoine Lepape et Claude Courteau, condamnés en seize solz parisis d'amende, pour n'avoir leurs boutiques garnies, excepté le dit Delespine qui n'est qu'en huit solz parisis;

Du mercredy troisième jour de décembre mil six cent cinquante trois, pardevant nous Louis Delalain, ancien advocat du Roi au baillage de Vermandois siège présidial et prévostéç de Laon, pour l'absence de Monsieur le prévost en la présence de M. François Vuarnet, conseiller audit baillage siège bailly du duché en la présence aussy de M. Jean Guiche advocat du Roy lequel est survenu en procédant à la visitation des pains;

Louis Ricot, le jeune, Pinson Bezouille, absous.

Claude Descarrières, pour le deffaut de façon trouvé en son pain condamné en 4 solz parisis d'amende.

Louis Desmanesse et Hector Jocquet, pour n'avoir eu leur boutique garni de pain, seront condamnés chacun en 12 solz parisis d'amende et Bouhoury par pareille cause en 8 solz parisis d'amende.

CARPEAU.

VIII. — IMPRIMERIE ÉTABLIE A LAON.

Louis par la Grâce de Dieu Roy de France et de Navarre à tous ceux qui ces présentes lettres verront Sçalut pour empescher les abus et les faussetés qui se pourraient commettre en l'impression des livres et de nos édits, déclarations, arrêts et affaires communes de nos bonnes villes, nos prédécesseurs Roys auraient établis en icelles des imprimeurs de bonne vie, preudomie et intégrité, lequel établissement n'ayant encore été fait en notre ville de Laon, l'une des principales de notre province de Picardie, notre cher et bien aimé Pierre Brizart, maître-imprimeur, y aurait fait faire une presse avec les outils, et instruments nécessaires pour l'imprimerie afin d'y en faire l'exercice; et ayant présenté requête aux prévots et juges ordinaires de ladite ville pour avoir permission d'y travailler dudit art et de celui de librairie, ledit prévost, par acte du 20 mai dernier, aurait ordonné que ledit Brizart se pourvoirait pardevant nous pour obtenir nos lettres de provision de ladite charge d'imprimeur et libraire. Savoir faisons qu'après avoir fait voir en notre conseil ledit acte du 20 mai dernier, etc. Avons octroyé et octroyons l'état et charge de notre imprimerie et librairie en notre ville et diocèse de Laon pour en jouir et user par ledit Brisart aux mêmes honneurs, fonctions et privilèges qu'en jouissent nos autres imprimeurs et librairies de nos bonnes villes avec pouvoir d'imprimer, vendre et débiter toutes sortes de libvres, mêmes tous édits, déclarations, arrêts de nos conseils et cour souveraine et tous actes concernant les affaires communes des corps de ladite ville et dudit diocèse privativement à tous autres et ce tant qu'il nous plaira, etc. Donné à Compiègne, le 5 juillet l'an de grâce 1649.

Cette ordonnance fut enregistrée à Laon, sur le registre des Chartres le 20 septembre 1649, et enquête faite, ensuite, sur les bonnes vie et mœurs de l'impétrant.

(Registre aux Chartres. Liasse 93.)

IX. — AUTRES COMMUNAUTÉS.

On a dit, en commençant, que les communautés autres que celles des tonneliers, telliers, orfèvres, imagiers, boulangers, n'avaient laissé à la prévôté et au bailliage leurs archives que depuis 1777 (1) Ces archives

(1) Cependant nous avons retrouvé une enquête concernant les cuisiniers de Laon en 1646 :

Par arrêt du conseil du 9 janvier 1644 il était fait défense à tous juges et jurés de mestier, de recevoir aucun maistre des mestiers par chef d'œuvre ni autrement que lesdites lettres ne soient au préalable délivrées et remplies et à qui que ce soit d'exercer ledit métier sans avoir leurs dites lettres, à peine par chacun des contrevenants de 250 livres d'amende. Or, en 1646, à Vaux et à Saint-Marcel, 2 hôteliers ayant exposé en vente des viandes du métier des cuisiniers, telles, par

se composent des comptes des communautés, rendus par les syndics en présence du procureur du Roi, qui vérifiait ou approuvait le compte, moyennant 10 livres pour ses épices. Tous ces comptes se ressemblent, et nous le répétons, c'est en lisant les édits, bien connus, de Louis XVI et de Turgot qu'on se fera une idée parfaitement exacte de l'administration de ces communautés.

Les comptes se divisent en deux parties : les recettes et les dépenses.

Les recettes comprennent les droits de confirmation, d'agrégation, d'apprentissage, de réception, de visites ; le prix des marchandises saisies, les amendes, dommages-intérêts obtenus dans les procès, etc.

Les dépenses les plus ordinaires consistaient en frais de procès, transport du coffre chez le syndic chaque année, correspondance, location du bureau des assemblées, rétribution du clerc ou crieur pour semaines d'assemblées.

On peut tirer de ces comptes quelques observations particulières :

Les consultations ou avis d'avocats coûtaient 2 l. 8 s... 1 l. 4 s..., etc.... Maîtres Potaufeu et Laurendeau, touchèrent 87 liv. au sujet d'un long procès que les maîtres maçons intentèrent contre certains agrégés.

Les procès étaient fréquents, non-seulement de la part des communautés contre les marchands forains ou fraudeurs, mais encore entre les membres de la même communauté. Les épiciers en avaient souvent avec les marchands vendant, sans droit, des épiceries. Ils fai-

---

exemple, qu'un poulet d'Inde tout lardé, à la broche, et un oiseau de rivière, on dressa procès-verbal contre eux. La femme et les valets de l'un d'eux firent rébellion, et on obtint un arrêt du conseil pour qu'il en fut informé.

Voir aussi on 1630 un arrêt pour les jurés chaudronniers du bailliage du Vermandois C. Nicolas Robin.

saient saisir des épiceries chez les merciers et marchands de marrons et sur les colporteurs de sucre. Les merciers et drapiers qui tenaient à Laon 4 foires par an, s'attaquaient sans cesse aux forains quand ils avaient le malheur de venir à Laon, Ils étaient les plus processifs; en 1781, une saisie leur produisit un bénéfice de 177 l. 6 s.; en 1782, un arrêt rendu contre eux, en faveur des épiciers, leur coûta 657 l. 3 s. Les arrêts étaient chers; néanmoins les communautés n'hésitaient pas à recourir au Parlement. Elles avaient un procureur à Paris. La correspondance, les envois d'argent et les mémoires d'avocats, dévoraient, avec l'arrêt, le plus net de leurs recettes. Quelquefois, le syndic, lui-même, se chargeait de ce soin; en 1788, le syndic des épiciers au lieu de rendre ses comptes, déclara qu'il avait employé les 600 livres du coffre à ses affaires personnelles. On se contenta de lui faire souscrire une obligation de cette somme.

Les bouchers et charcutiers avaient de fréquents rapports avec Soissons. Ils y envoyaient sans cesse des exprès prendre avis au sujet du prix des ventes. En 1781, ils présentèrent requête à l'intendant afin que la viande de porc fut taxée à un plus haut prix.

Si l'on veut connaître le coût des ports de lettres entre Laon et diverses localités, on remarque qu'entre Laon et Paris, le port était de 6 s.; de Laon à Reims de 6 s. non affranchi, et de 4 s. affranchi; de Laon à Soissons 4 s.; de Laon à La Rochelle, 20 s. Enfin, deux faits révèlent jusqu'où les communautés poussaient l'amour de leurs privilèges. En 1783, les séruriers firent saisir, chez M. De Latte, un buffet dont les serrures avaient, sans doute, été posées par d'autres que par des maîtres.

Un autre jour, les tapissiers et vendeurs de meubles saisissaient le lit de M. le curé de Notre-dame. Ces deux actes violents ont leur éloquence et portent, avec eux, la condamnation des corporations, au moins, telles qu'elles existaient au moment de leur déclin.

X. — Leur personnel en 1789.

On trouve enfin les tableaux des communautés de Laon en 1789, et les noms de tous ceux qui les composaient. Ces listes qui ne sont pas sans intérêt local, peuvent être utiles aux personnes qui étudient les effets de la révolution de 1789 au point de vue du déclassement des familles, c'est-à-dire de leur élévation ou de leur décadence. Nous leur laissons le soin d'apprécier la convenance de leur publication. Quant à nous, nous nous contentons de mentionner qu'à Laon, en 1789, il y avait 17 boulangers confirmés et 7 agrégés ; 17 ouvriers en bois confirmés et 23 agrégés ; 19 tailleurs d'habits et fripiers, tant en neuf qu'en vieux confirmés et 14 agrégés ; 2 tanneurs confirmés, et 5 agrégés ; 10 tapissiers confirmés, 4 agrégés, et 10 exerçans sans qualité, parmi lesquels se trouvaient 9 femmes ou filles ; 20 maîtres cuisiniers, 5 confirmés, et 27 agrégés. On peut comparer cette situation avec la situation actuelle.

TABLE.

www.ingramcontent.com/pod-product-compliance
Ingram Content Group UK Ltd.
Pitfield, Milton Keynes, MK11 3LW, UK
UKHW020414180726
13839UKWH00003B/1319